JN118653

新世界の創造者は子どもだ

子どもは大人を救うために生まれた

こどもこ〔著〕

翔雲社

孫が描いた私の似顔絵

目次

はじめに

大人どもが、これ以上、金稼ぎを続けるならば必ず地球資源は枯渇する。生態系は破壊される。もちろん人間も生きていけなくなる。それだけじゃない、大量生産、大量消費の果てに出る大量のゴミを地球に残し、地球の再生すら不可能になる。このことは、そう遠くない現実のことだ。

昔から大人が子どもたちへの教育を間違ったために起こした人災と言える。子どもが大人の命令下に置かれずに自由に子ども自身が考えて行動していくならば、この恐ろしい現実を変えることが必ずできることを私は確信している。なぜなら、大人は経験値で物事を進めようとするが、子どもは常に新しい発想で物事を見て、本能に従って、大人よりもすぐれた子どもの五感を駆使して、すばやく行動できるからだ。このすごい能力があれば、あらゆる問題に対処していくことが可能だ。社会の主導権を大人だけが持つことは子どものものすごい能力を捨て去っているのと同じことだ。あらゆる分野で子どもの意見が反映されれば、世界は良い方向へ必ず向かう。

第一章　教育とは

午前中に買い物に出て、しばらく歩いていると前方からベビーカーに乗った三才くらいの女の子が私に手を振りながら満面の笑みで、「こんにちは」と大きな声で挨拶をしてくれた。私も笑顔で手を振って、「こんにちは」と返した。その時、女の子はとてもうれしそうに過ぎ去った。

私の心に一陣の風が吹き渡り、今日一日がとてもハッピーになる予感でいっぱいになった。なんて素敵な挨拶なんだろうと感動してしまった。どんなにセンスの良い大人でも、こんな素敵な挨拶はできないとも思った。幼い子どもの発する声はキラキラ輝いている。ダイヤモンドよりもすごい光を放っている。

この女の子のように全幅の信頼と包容力と、いかなる事にも屈することのない前向きな輝きに満ちあふれているのが、本来の子どもの姿なんだ、という事を教えていただいたのだ。

「ありがとう」と伝えたかった。その大切な、大切な宝物の存在の子どもたちの心が悲しみでいっぱいになっているとしたら、それは大人たちの責任だ。子どもの自由を奪い、子どもに大人の決めた教育という名の足かせをはめ、子どもの声すら消し去ってしまったような、この世の中で大自然も奪われ、子どもの自由な発想もできないような、金稼ぎ優先の社会を生きなければならない今の子どもたちの状況は、生き地獄としか言いようがないよ。

いじめなどすべての悪業は必ずエスカレートしていく。性犯罪も虐待も同じだ。大人が作り出したゲームや麻薬もいったん始めたら命を蝕むまでやめることができなくなる。悪循環はとどまるところを知らない。そして底なし沼のような恐ろしい現実が待っている。

もうこれ以上子どもたちを苦しめることは許されないよ。大人どもよ、子どもたちの現実の姿をよくよく見たまえ、そうすればすべての事が見えてくるはずだ。悪業の教育を大きく変える必要に迫られている。いや今の教育は、すべてやめてしまう方がいい、何がいいとか悪いとかそんなことも言っている状況ではない。今の教育はすべて間違っていると言っていい。これからどうしていけば良いのかを子どもたちだけに考えてもらい、それを実行していくしかない。

点数重視の今の教育が子どもたちを悪業の方向へと追い込んでいる。何の意味もない教育は百害あって一利なしだ。子どもたちの意見が何一つ反映されない、大人が一方的に勝手に決めた教育は今すぐやめるべきだ。子どもたちが受ける教育ならば子どもたちが納得しなければやってはいけないんだよ。今の社会のあり方も、子どもたちが納得できなければ考え直す必要があるということになるよ。

さあ、大人たちよ、決断の時は今しかないよ、この時を逃がしてしまえばもう永久に地球を救うことはできなくなるよ。わかってくれたまえ、宝の子どもたちを守るために大人たちよ、コロナ禍のこの時こそチャンスなんだよ、どの位、子どもたちの能力が優れているかがわかる時が来たんだ。このチャンスを生かすも殺すも大人たち次第だ。子どもたちの話を聞くんだよ、それしかない、やってみたまえ、そうすればすべてが解決だ、子どもたちは教育委員会などというバカなものたちの決めた教育に縛られている。

私の友人が、子どもたちは学校に人質に取られていると言った、その通りだ。その友人は学級崩壊が進んでいた学校から自分の子どもを守るため、引っ越しをしてきたと話していた。私はその話を聞いてびっくりした、そういうことが学校で起きている事実を知らなかったのだ。学校は子どもにとって安全な場所だし、勉強という大義名分の下に子どもは日々能力を鍛え、成長している所と信じていたからだ。それがとんでもない不毛の地帯と化してしまっている所だとは本当に驚いた。そもそも教育とは何だろうか、辞書で調べてみた。「知識・学問・技術・教養などを身につけるため、教え育てること、また、それによって身についたもの」とあった。私は知識とは、学問とは、技術とは、教養とは何ぞやと疑問がどんどん膨らんでいく。

いったい人間が生きていくためには何が必要な事なのだろうか、最低限の読み書きができることは必要だ、そして簡単な計算も必要だろう、でもそれは生きるための前提ではない。まず生きるためには水を飲み、食事をしなければならない。大昔なら食事は木の実を食べたり、自然の恵みをいただいていただろう、それだけでは充分ではないので農業が始まったと思う。自分で食べるものを自分で作り出すしか命を長らえる事が難しかったからだろう。そうするしかないからだ、生きるためには食べなければならない、当たり前のことだ。

ならば、まず教えなければならないのは農業だ。畑の作り方や種の植え方や野菜の作り方、木を育てること、などなど何をするにも自然から学ぶことが前提だ。もし子どもたちに教えることがあるとすればそれは農業だよ、そこがすべての始まりでなければならない。その上で文字の読み書きや計算の仕方など少しずつ覚えていけば良いことであって、学校を造ってそこに子どもたちを集めて勉強だけさせることは間違っていると言うことが言える。子どもたちは能力の高い、そして五感の鋭い生き物なんだ。その子どもたちに与えなければならないのは学校じゃない、大自然があればそれで充分だ。学校はいらない、畑や田んぼが必要だ、そして料理の仕方を少しだけ子どもたちに親が教えていくだけでいい、何しろ子どもたちは自分で体験して考えて学んでいける生き物だ。

大人は子どもたちの自主性を尊重して見守っていくだけでいい、逆に子どもたちから学ぶべきことが多いはずだ。大人には子どもたちの言う事を拝聴する姿勢が必要だ、決して開発などしてはいけないのだ、他の生き物たちと共存する道を選ぶことが必要だ。その上で、どう生きたら一番良いかを子どもたちから教わるしかない。大人だけでは限界がある、大人は子どもたちのそばにいて聞かれたことにだけ答えればよい、それだけでいいのだ。

今の世界の難問題も子どもたちが必ず解決してくれる、それが私にはわかる、私の五感でわかる。今の世の中はすべてに行き詰まるようになってしまった。大人たちの仕業だ、大人たちが元凶になっている。だからこそ子どもたちに登場してもらい、子どもたちに世界中の難問題を解決してもらうしかない、それができるのが子どもたちなのだ。

ありがたい存在だ、今ならまだ地球は救われる、きっと良い方向へ進むことができるよ。子どもたちよ、なんとしてもその高い能力でこの地球とすべての生き物たちを助けてほしい。必ずできる、大人は子どもたちを大切にして、深い愛情を注ぎ育ててほしい。子どもの言うことをよく聞いてその実現に力を貸してあげてください、そうすれば大人も幸福になれる。

子どもが幸福になれば大人も幸福になるという生き物の法則を知ってほしい、知るしかない、それしか大人が生きる道はない。子どもたちに働いてもらおう、二才から子どもたちは働けるよ。畑をやってもらおう、まずはそこから始めよう。今残っている土地を使おう、まだ土地さえあれば畑にできるよ、幸という字には土（つち）が乗っている。大人のやることは子どもたちに畑のやり方を教えることだ、それも子どもたちに考えてもらいながら教えることが必要だ、それが本当の教育だ。

今の世の中は人間の五感を働かせれば異常な事が起きている事は明白だ。そういう異常事態を知ることができる五感を人間は生まれながらに持っている、動物はすべて持っている。特に子どもの五感は優れものだ、最大最高のものだ。その五感を使えばほとんどの事象、いやあらゆることを乗り越えていけるようになるんだ。子どもは農業に向いている。

何回も書くが、子どもに危害を加えたり傷つけることとは、そして殺すなんてことは人類を滅亡させることに直結するだけだ。なんとしても赤ちゃんや子どもたちを元気に健康に幸福に育てなければならないんだ、そのことが大人がやらなければならない唯一の事だ。他には何もしなくてもいい、赤ちゃんや子どもたちが幸福なら大人も幸福に必ずなれるんだ、そのことを決して忘れてはならない、それしか大人が生き残る道はない。

何万回でも言っておく、子どもたちを犠牲にすることは絶対にあってはならないんだ。今すぐ大人のやるべきことは子どもたちの苦しみを今すぐに取ることだ。机上の空論の勉強などいらない、子どもたちがすぐに働ける畑と田んぼをやってもらうように、大人は手伝うことから始めればいい、耕作放棄地もいっぱいあるはずだ、そこに子どもたちに行ってもらい、大人も一緒に行って、畑や田んぼのやり方を少しだけ教えてあげて、子どもたちに考えながらやってもらうことが大切だ。大人のやり方が必ずしも正しいとは限らないからだ。大人は手ほどきするだけでいい。

すべてを無駄にしないように空き家も子どもたちに任せて修理の仕方など少し教えれば後は子ども自身が考えてやっていくようになる。貧困の親も助かる。そのようにしてあげることがとても大切だ、子どもが自分の考えで自由に生きていける場所を確保しなければならない。

子どものすごい五感を使った創造力がこの世界を変える大きな力になる。そしてこの世に最後に残るものは大自然だけだ。その残った大自然の中で子どもたちは生き生きと働くことだろう、満面の笑みとたくましい体を携えてはつらつと幸福に生き抜くことができるんだ。大昔からやっていた農法でがんばっていけばゴミを出さなくてすむ、なにしろよけいなゴミは絶対に出してはいけないんだ。

生物多様性の原理に従って大自然に存在するものだけを使って、物を最低限度だけ作り出せばいいんだ。大自然から少しだけ人間が生きるために必要なものを頂戴するのみにしておくことが大事だ。決して大自然を破壊などしてはいけない、それは決して許されない行為だ、人間自身を破壊することになる。人間は自然の一部なんだということを絶対に忘れてはいけない。そのことだけ覚えておけば、あらゆる間違いを犯すことを避けることができる。

目先の欲にとらわれてはならない。大自然を金稼ぎの道具にしてはならないよ、それをよく考えようよ。住む家があるから安心なのか、食べる物があるから安心なのか、家族がいるから安心なのか、友人がいるから安心なのか、仕事をしているから安心なのか、何も被害を受けていないから安心なのか、などなど。そうではないよ、そんなことは安心ではない、そんな表面的なことだけで安心は得られない、心の安らぎはそんなことで得られるはずがない、どんな家なのか、何を食べているのか、家族間は仲良しか、友人とは信頼し合えているのか、仕事は人々のためになっているのか、などなど。よく考えれば、おそらく安心という言葉は出てこないよ。

今の世の中は金稼ぎが中心の世の中だ、そんなことにこだわり続けているうちは真の安心などあるはずがないじゃないか。私が考える本当に安心な世の中は赤ちゃんや子どもたちが泣かされない世の中だ。子どもたちがはつらつと生きがいをもてる世の中だ。子どもたちが子ども同士笑顔で働くことができる世の中だ。子どもが農業ができる世の中だ、子どもの意見を一〇〇％採り入れた世の中だ。子どもがすべての中心であり主役になる世の中だ。それがすべての安心だ。それこそが子どもだけでなく大人の安心にもなる。まず子どもの安心があって大人も安心できるんだよ、そういう世の中を子どもたちに築いてもらうんだ。子どもにはそれができるのだよ。大人は何もわかっていない、大人は何も知らなさすぎる。子どもたちにすべてを聞くことだ、そこからすべてを始めることが必要だ。大人には今こそ発想の転換が必要だ。今すぐに勇気をもってこの世の中を変えなければならない、今までの考え方をすべて変えなければならないよ。

どう変えるのかそれを子どもたちに聞けばいい、それだけだよ、わかりたまえ大人たちよ。話はとても簡単だ、わからなくてもすぐに実行だ。点数重視の勉強はいらない、学校の机もイスもいらない、子どもたちには大自然があればそれだけでいい、子どもに大自然を返すんだ。

今まで私は自分の身に起きるいろいろな危険を感じてきた、しかし今の子どもたちの危険は自分が感じたものよりも一〇〇倍以上危険極まりない状態なのだ。私の胸のざわつきはこれまでに感じたこともない程強烈だ、私には自分の第六感が当たっていることがわかる。子どもたちの苦しみがもう待ったなしの状態だ。なんとかして助けなければならない、そのことだけがこの世界で一番重要なことだと私にはわかる、そう感じる、私の五感はまだ衰えていなかった。高齢になっても私の感覚のアンテナはしっかりしている。

まだ間に合う、今がチャンスだ、すぐに教育大改革を起こし、子どもに二才から無農薬の農業に従事していただこう。何万回も同じことを言わせてもらうよ、なにしろ今の教育をすぐにやめてしまうことだ、そこからすべてが始まる。そこから人類の本当の光明が見えてくるのだ。すべてのこだわりを捨てて裸の心になるのだ。それが今大人がやるべき第一の事なのだ。そして子どもたちの声をすべて聞きもらさないように心して拝聴しよう、大自然の驚異をあなどってしまった人間たちよ、失格の大人たちよ、もうレッドカードなんてものじゃない。

さあ、どうする、後戻りも先にも行けなくなってしまった大人たちよ、もう何もすることはなくなってしまったよ、子どもたちにすべてを任せる時がやっと来たんだ。子どもたちは待ちくたびれたよ、さあ、すべての子どもたちに声を掛けよう「子どもたちよ、すべて任せるから頼むよ」と大声で叫ぶんだ。それでいい、すべてうまくいく、私は子どもが働く場面のアニメを見るのが好きだ。それはなぜか、アニメの中の子どもたちの多くが、子どもなりの働きをしながら自分の意志で行動しているからだ。その子どもたちはみんな生き生きとしている。自分たちの自由な意志で考え行動することで、周りの大人たちを幸福の方向へ導いている。その場面が好きだ。子どもが自らの考えで自分の行動を決めている、そして大人たちに悟らせようと行動している。

それが大人である私を納得させてくれる、子どもとはなんてすばらしい生き物なんだろうとつくづく思う。そして子どもたちについて行けば間違いないと確信できる。現実の世界も同じだ。子どもたちをよく見てその言動を観察しているとわかってくる、そのすごさが。大人は子どもたちの言う事をしっかりと聞かないといけないよ、そうしないととんでもない間違いを犯してしまう、その間違いを元に戻すことはできないよ。

大人がすべてを指図して成長した子どもは、自由意志を持たずに成長させられているので、大人がすべてをコントロールできるロボット人間になっていく、とても恐ろしいことが起きるよ。完全なロボット人間はいつか必ず犯罪を犯すようになる。自由意志を持たずに成長することは心のバランスを崩してしまうからだ。人間らしい人間になることができない、そうなるとオシマイだ、そういう恐ろしい人間たちが今増え続けている。

現代はそういう時代だ、それでも悪の連鎖を断ち切る手立ては子どもたちしかいないのだ。子どもたちが世界を変える唯一の存在なのだ。大人たちは子どもが困って助けを求めてきた時だけ助言することしかやってはいけないよ、すべての行動を子どもたちに任せるんだ、それを見届けるしかない。あくまでも農業を中心にすえて、子どもたちが生き生きと働ける世界を子どもたちに作ってもらう、大自然を壊すことなく働ける世の中にしてもらうことが子どもたちにはできるのだ。そのことが何よりも重要だ。自然の中にある物だけを使い、ゴミを出すことはない世界を造れるはずだ。子どもたちにはそれが可能だ、必ず生きとし生ける物たちをすべて生かしていける世界の出現だ。そうなった時始めて人間は幸福になることができる、すべての虚飾を取り払い無垢な心を取り戻すことができる、ああなんてすばらしいんだろう、夢に見た光景だ。

今の教育は子どもたちを机にかじりつかせて身動きできない状態にしている。本来、生き物は眠っている時以外は常に動いている。子どもを見ていると無意識の内に常に体を少しでも動かして自然のうちに筋肉が鍛えられるようにしている。本能がそうさせているのだ、そうしないと動物はすべて敵からの攻撃を防ぐことができないからだ。自分の身を守るために子どもは常に体を動かし続けるしかないんだ。

子どもは考えなくても自分の本能に従っていけば安全であることを知っている。大人になるとその大切なことを忘れてしまう、だから大人は動くこともせず食べてばかりいるから病気になるんだよ。大人という生き物はどうしようもない困った存在なのだ。その大人が教えることなど何もない、何万回も言うが子どもは完全体なんだ、そのことをわかってないのは大人なんだよ。

子どものことを何も知らないのは知ることができないのは大人の大切な本能がなくなってしまったことが原因している。仕方ないよ、人間の大人とはそういう生き物なんだ、そのことを大人は自覚しなければならない、そこからすべてが始まる。大人がしなければならないことは子どもが本能に従って動ける自由を与えることだ、そしてすべてを子どもに考えさせてあげることだ、その考えに従って行動する、そうすれば子どもは生き生きとしてくる、それが一番重要だ。

子どもは子どもじゃないよ、子どもという名は大人が勝手につけてしまった間違った定義なんだ。もし子どもという定義の名を変えるなら私ならば天使と呼ぶ、天から使わされた唯一の生き物という意味だ。大人たちが使っている天使の定義とは違う、大人たちを救うために天使がこの地球にやってきてくれたんだ、そういうことが言える。天使を大人の身勝手で操ることは許されないよ、天使は自由であり続けないと大人を救うことができない、大人は天使がやって来てくれたことに感謝して、天使を大切にして、天使からすべてを教えていただかなくてはならない。子どもとは天使のことだ、とてつもなく大切な存在だ。

大人は金稼ぎをしなければならないという義務を作ってしまったから、大切な本能を失うことになったんだ。そのことで自分たちの大切な考えや体までも失うことになるんだ。恐ろしいことだ、そして何よりも子どもたちの心を裏切り、そして働かせないことまで勝手に決めてしまい、子どもの自由を奪った。大変な間違いをやらかしてしまった。だから今の世の中はにっちもさっちもいかないドンヅマリの世の中になってしまったんだよ、すべてが悪循環に陥った。ここから正常な状態を取り戻すのは容易じゃないよ、本当に大変だ。でもあきらめなくていいんだ、子どもたちの出番がやっとやって来た。子どもたちの教えを今すぐ聞こうじゃないか、そうするしかない、この世をこの世界を変えることができるのは子どもたちだけだ。この世界は大人たちだけで構成されているのじゃないよ、あたかも大人しかいないような世界にしてしまっている。

一番大切な子どもの存在を真に認めていないし、子どもの能力が大人より低いとでも言いたいのだろう。とんでもないことだ、逆だよ。大人に能力が足りない分を子どもたちが補って、大人のできないことをやってもらう。いや違う、大人は本能に従わないから本能の塊である天才の子どもたちが必要なんだよ。そのために存在しているのに、大人はさも自分たちが一番偉いなんて思っているバカな生き物なんだ。だから子どもたちをバカにして勉強だけさせておけばいいなどという発想になってしまう。

とんでもない間違いだ、子どもたちからすべてを教わらなければならないのに本末転倒だ。まったく大人とはどうしてこうもバカなんだろう。子どもは日々新しい事の出会いを求めて凄い創造力を培って自分を鍛えて生きたいんだよ、毎日が違う自分なんだ。すごい生き物なのだ、子どもとは毎日冒険の旅をしながら生きたいんだよ。

それができない子どもは子どもじゃないんだ、わかるかな大人たちよ、子どもは完璧なんだ、行き詰まることはない、大きな困難が立ちはだかっても必ずその壁を越えてゆける生き物なんだよ。それなのに、大人たちは大切な子どもたちの生きる糧である大自然すらも金稼ぎの場所に変えてしまった。子どもたちが自由に動ける場所を取り上げてしまった。

あろうことか、お金を稼ぐことが許されていない子どもたちは、一文無しで遊ぶことを強いられている。今の世の中はどこで遊ぶにもお金が必要だ。子どもがお金なしで自由に遊ぶことができなくなってしまった。どんどん開発が進み、何をするにもお金が必要だ。そして小さな空間すら与えられない現在の車社会で、子どもたちがどのように活動できるのか、とても子どもたちが生きづらくなってしまった。

私自身にも大きな責任がある。子どもたちの苦しみに気づいていたのに何の行動もしてきていない、情けない、ふがいない、大人として失格、いや人間失格だ。何しろ何を言ってもしょうがない、ただただ、今すぐに子どもたちの教育大改革を、子どもたち自身に任せて断行していくしかない、今しかない、早くしないと間に合わなくなってしまう、大人たちよ気づいてくれ。

大人たちは子どもたちの言うことを全面的に受け入れて行動するべきだ、そして大人たちは大反省して子どもたちについて従っていくしかない、それこそ大人にとって一番安心な未来が待っている。子どもたちは本来生き生き動いている生き物だ、泣く、苦しむなんてことは一切ないはずだ。それなのに息が詰まるような毎日を過ごさせられている、残酷物語だ。大人が仕組んだ罠にはめられている。よくも平気でそういうことができるのか、恥を知れ大人どもよ。子どもたちの未来を奪い去っているのはオマエたち大人だぞ。何が努力しろだ、何が輝けだよ、そんなクソなことを言われなくても子どもたちは元々、輝き続けている存在なのだ。何もわかっていないのは大人たちの方だ。子どもはほぼ五～六才までがその天分が一番すばらしい時なのだ、だからそのくらいまでの年齢までに無農薬の農業を経験すること、農業を生きる基本にすることが一番大事だと私は考える。

それも子どもたちに聞いてから進めなければ意味がないよ、すべて子どもたちに判断してもらうことだよ。

大人は先導してはいけない。それが子どもの人権や尊厳を守るということだよ。決して子どもを学校の勉強に縛りつけておくことではないよ。今の学校の勉強は意味がない、必要ない、すぐやめるべきだよ。

私が考えるには、大自然を破壊することは人間の体で言えばバイ菌を殺してくれる白血球を破壊する行為になる、地球の白血球を殺すことになる、地球を守れなくなる。それだけでも大変なことなのに、その上にプラスチックというかなりやっかいな物までバカな人間、いや大人たちは作り出してしまったんだ。もうあきれるばかりだ、すべての生き物たちの命を脅かし、死滅に追いやろうとしている。

スーパーなどに行くと、ほとんどの食品や物がプラスチックケースに入っている。プラスチックを買うことになっている。なるべくそれをやめようと思うが、生きていくためには食品を買わなければならない。大人たちは平然と危険であることがわかっているプラスチックを作り続けているのだ。政府もプラスチックを一掃する政治を真剣に考えていない。プラスチック製造をすぐにやめるべきだ、もう考えている暇もないよ、大人たちは金稼ぎのためには命を脅かす物もどんどんかまわず作り出している、なんて恐ろしい生き物なんだろう、大人とは殺人鬼だと言える。その殺人鬼は子どもたちをも自殺に追い込んでいる。

すべての大切な尊大な生き物たちを絶滅させようとしているのだ、それが金稼ぎのためだから許されないよ。大人は全員死刑だ、私も死刑になる、そうなっても仕方がない、もう考えている暇もないんだ、今こそすべてを子どもたちに任せるしかない。子どもたちのすぐれた能力は無限大だ、少子化になっている日本の未来を子どもたちに託すしかない、もうすべての策は無駄だ、対症療法では何も解決しない。

わかれ、大人たちよ、大人たちには何もできないんだ、大人たちがこの世界を、今のどうしようもない世界を作り出してしまったんだ、その責任はデカイよ、どんなことも責任を取れないことはやってはいけないんだ。大人たちではこの地球を守ることはできないんだよ、それがわかっただろう、さあ、子どもたちにこの先の未来をどうすればいいか聞くんだ、大人たちよ、すべてのことは勇気の決断が必要だ。今まで考えたこともないような方法を考え出すことができるのが子どもたちなんだよ、それを信じてくれたまえ。

大人が全員死刑にならないためにまずやらなければならないことは、日本の教育の根幹を成している最悪の決まりである六・三・三制をすべてなくすことだ。小学校・中学校・高校、大学もいらない。この悪の慣習が子どもたちを苦しめている大きな原因になっている。一番大切な子ども時代を大人のために犠牲にさせられている。くだらない勉強はなんの実りももたらさない、今の教育に子ども時代の膨大な時間が使われている。

私は私の五感を一番信じている。何をするにも五感を働かせてよく考えて行動することが大切だと思って生きてきた。

生き物は生きていくうえで、すべての難関を乗り越えるためにこの五感をフルに活用して生きている。そして少しでも元気に生き延びようと努力している。五感とは生きるうえで一番大切な羅針盤になるのだ、ありがたいことなのだ、その五感を鍛え上げていくことが生きるうえでとても大切だ。もし五感を鍛えることを怠ると、生き物にとって大きな支障となる。特に子ども時代に五感を鍛えることを怠ることは死んでいるのも同じだ、人生のあらゆる難関に立ち向かうことが難しくなる、とんでもないことなのだ。

五感とは生き物に備わったすごい能力なんだ。その五感を鍛えられない現在の子どもたちは、生けるシカバネも同然なんだよ、本当の悲劇なんだ。大人たちよわかりたまえ、子どもたちを机に向かわせて勉強ばかりさせることは、この大切な五感を鍛えることを放棄させることと同じだ。子どもたちの生きる力を取り去っていることになるよ。五感を弱めさせられてしまった子どもたちの心は、怒りで充満してしまう。

なぜか、子どもたちが思い通りにならないことが続くと、心のバランスが崩れてしまうからだ。自由に生き生きと生きることを許されないと他人も自分をも攻撃したくなる、その結果としていじめが始まる。そうせざるを得ない状況に追い込まれるからだ。

追い込んでいるのは誰でもない大人たちなんだよ。大人たちはそのことに気づいてもいない、子どもたちのことを真剣に考えていないんだよ。ただただ大昔からやり続けてきた悪い慣習に身を任せ、何も考えずに先人たちのやってきたことにこだわり続けて何の教育の改革もしてこなかった大人たちよ、あなたたちはバカとしか言いようがないんだよ。人間界のすべての物事は常に改革が必要なんだ、時代はどんどん進んでいるのに一番大切な子どもたちの教育改革は何も進んでいない。形式にとらわれて先人たちのやってきたことをそのまま進めているだけだ。学校そのものが必要ではないことなど、どの大人も考えもしないだろう。改革とは少しだけ変えるような小手先の改革では何も変わらない、根本的にすべて変えてしまうくらいの事をやらなければ改革の意味はない。

今の教育はその根本的な土台を揺るがす改革が必要なんだよ。子どもたちの五感を守るため、子どもたちの幸福と笑顔を守るためには根こそぎの教育改革が急がされているんだ。もう一刻の猶予もない状況だ。さあ大人たちよ決断したまえ、今すぐに教育大改革を断行してくれたまえ、それが大人たちの幸・不幸をも決定づけることになるよ。考えている暇はないよ、行動あるのみだ。どう改革するのか、それは子どもたちに考えてもらうしかない。子どもたち全員で考えてもらい結論を出すしかない、大人はその手助けをすることだ、子どもたちに言われたことだけやっていればそれでいい。本当にそれでいいのかと思うだろうがそれでいい、子どもたちが考えて結論を出すまでは少し時間がかかるだろう、楽しみに私は待ちたいと思う。

大人たちよ、現実を直視するんだよ、ひたすら子どもたちを信じるんだ、それしか世界の安寧もなければ地球の安泰もないよ。大人たちよ、まあ、子どもたちの結論を聞こうじゃないか、心を落ち着けて、不安な気持ちを払うため一杯のお茶やコーヒー、紅茶など飲んでゆったりくつろいで待ってみようじゃないか。必ず子どもたちはすごい結論を示してくれるよ。もう一歩たりとも今までと同じ行いを進めることは絶対に許されないよ、子どもたちが泣いている、地球が泣いている、もう大人のごまかしは通用しない。大人はあきらめて子どもたちの結論を待つしかない。待つということは、時には黄金の輝きを放つものだ。子どもたちの結論は黄金の輝きに勝るものだ、私はそのように確信している、そう思えることが私の幸運だと言える。この幸運を私は絶対に逃がしたくない、なんとしても子どもたちを救いたい、それは私が救われることでもある。

次は、生き物の中でも野生の動物たちのことを少し書こう。ニュースで熊に襲われて大ケガをする人が増えていると聞くが、熊にしてみれば、山や川や平地など熊が生息している場所を人間が勝手に開発して、餌場がなくなり食べることができないから人里へ降りてくるしかない訳だ。それなのに人間にとってやっかいな動物として殺される。熊にとって人間の方がよほどやっかい者だよ、人間がすべて死んだら熊たちや他の動物はすべて安泰だ。人間の方がいらない生き物だということになる、そうだろう、動物たちも人間も共存していかねばならないのに、一方的に人間だけを優遇することは果たして許されるのだろうか。

人間が一番偉いからいいんだなどとふとどきな考えで生きるのなら、人間は自然界にいらない生き物ということになるよ。虫一匹も無駄な存在はないのだから、人間を第一に置いて物事を進めることは、宇宙の法則に反することになるのじゃないか。どんな生き物も平等に暮らせる世の中にする必要があるだろう。そうすることで人間も生かされるんじゃないか、違うと言うのか。そうなると餌場を追われた生き物たちに餌を与えなければならない、人間だけが食べれて他の生き物の食べる物がない状況は間違っていると言えないだろうか。

お金を払えない動物たちには食べ物は与えられないとでも言いたいのか、それはあまりにも人間の身勝手な考えだろう。そんな考えなら人間しか生きられなくなり、他の生き物はすべて死滅していくよ。そのうち人間も増えすぎて食べる物がなくなって死滅していくことになるだろう。そう思うのは私だけだろうか、金稼ぎを優先するあまり、人間の脳は狂ってしまったんだよ。

どうしてこうなるんだろう、今一度、人間の本来の生活や暮らし方を見直す必要があるよ、そうしないとどんどん人間自身が追いつめられるよ、熊の方がかわいそうだと私は思う。熊が生きてゆけるように餌を与えることが必要になるよ、だから勝手な開発はやってはいけないんだよ、それも金稼ぎのためなどとんでもないことだ。人間の狂った脳で自然の生態系を破壊しまくっているんだ、そんなことが許される訳がないよ、少し落ち着いて考えればわかることじゃないか、そうだろう。人間っていったい何様だよ、大人たちの間違った行動が子どもたちだけでなく、生き物すべてを不幸にしているんだよ、そう思わないのなら、もうすべてが地獄になってしまう。

その地獄の中で人間も動物もすべての生き物がうごめいて死滅してしまうだろう。とんでもなく恐ろしいことが始まろうとしているのだよ、なにしろ今一度すべての生産活動をストップして子どもたちに考えてもらおうよ、今こそ子どもたちの知恵が必要なんだよ、大人たちの考えの行き詰まりを変えるのは子どもたちだけだから、それしか答えはないよ。子どもたちがいてくれて本当に良かったよ、とても助かるよ、さあ、子どもたちよ、こんな時に考えてくださいなんてとても失礼だけど、あなたたちに聞くしか他に方法はないからよろしくお願いします。

どうすればいいでしょうか、教えてください。これが本当の勉強だよ、答えるのはとても難しいだろうけど、なんとか良い方法を考え出してください。そうすれば子どもたちに考えてもらったことを実行していくよ。生きがいを生み出してください、大人が考えられなかったことをぜひ実行してください、どんどん行動に移してください、大人たちにはしばらくの間休んでいてもらうことになる。また大人が余計なことをしてすべてを台無しにしてもらっては困るから、大人は決して何もしないでくださいよ。大人は全員失格だから、世界の片隅に身をひそめていてください。一人も動いてはいけない。

そして今まで子どもたちがしてきたように机に向かって勉強ばかりしてください、一〇〇点採れるようになるまでガンバッテクダサイ。そしてたまにはゲームをしてください。そして食べる物はコンビニかスーパーのおにぎりやサンドイッチを毎日食べてください。わかりましたか、今まで子どもたちが大人たちから命令されてやってきたことと同じことをやっていくのですよ、これからは今までの罰として、これまでずっと子どもたちがやらされてきたことと同じことを毎日やるんだ、いいかね。大人どもよ。

わかったらさっさとやれよ、そうだ死ぬまでだよ。どうだ少しでも子どもたちの気持ちがわかったかね、さあ、勉強をがんばりたまえ、教科書をよく読むんだ、宿題もたっぷり用意してあるよ、ゆっくり眠る暇はないよ、ゲームもやらなきゃならないんだよ。青空も花も見る暇はないよ、子どもたちの気持ちがわかるようになったかね、そして学校に行くんだよ。そうするとすごいいじめが待っているんだよ、楽しみだね、大人たちよ、子どもたちが受けた苦しみと同じ苦しみを体験していくんだ、どんな毎日を子どもたちが過ごしているか少しでもわかるよ。

大人たちに勝手に決められたカリキュラム、何も言わずにひたすら実行していくんだよ。毎日毎日、来る日も来る日もひたすら勉強だ、気分転換は唯一ゲームだけだ。

さあ、わかったら大人たちよ、さっさとやりたまえ、どんな気持ちだ。苦しいだろう、そうだろう、毎日泣くことも許されないよ、ただひたすら黙って声も決して出してはいけないよ、どうだね、自分の言いたいことも言えない、自由に考えることすら許されないよ。

何も考えなくていいんだよ、ただ命令されたことだけやるんだ、他人と話すこともＮＧだ。さあ一生けん命に勉強するんだよ、宿題も山ほどあるよ、遊ぶ時は夜中だ、そしてオニゴッコだよ、いじめるヤツが逃げろと言うからできるだけがんばって逃げるんだ。でも走るのが遅いからすぐにオニにつかまって性器攻撃をされるよ。夜中は眠ることはできないよ、いったんつかまれたら一時間や二時間、いや十時間以上はものすごく痛くてもがまんするしかないよ。大声で泣くことも許されていない、それも毎日だよ、それも何回もやられるよ。痛くても声を出すことは許されないよ、近所迷惑になるからだ。それにこわくて声も出ないよ、これが子どもたちの日常なんだよ、今の日本の現実だ。

私は毎日子どもたちのうめき声で目が覚める、眠れないからこうして文章を書く、その時の自分の気持ちを正直に書く、書かないといられないから書く、どんどんかまわず書く。私は膀胱炎になっているから夜中に三回は起きる。その時に必ずタバコ臭い、ものすごく臭いのですぐに玄関の中扉を開けて寒さよけのカーテンも開けて換気扇を回して、煙を出す。すごく寒くなって室内が一気に冷えるが仕方ない。一時間くらい我慢して戸を閉めカーテンを引く。ふとんの中に足だけつっこんで綿入れのハンテンを着て少し体操をして書く、暖房しなくても少しずつ暖かくなってくる。まあ我慢だ、そうして書き続ける。やり場のない子どもたちの苦しみ、私の苦しみ、誰もみんなが苦しんでいる今の世の中、動物たちも他のすべての生き物たちも、どうしてこうも苦しまなければならないのか、その苦しみの元凶を作り出しているのは誰でもない大人たちであり、その大人たちのやっている政治が一番悪いと言える。

教育を決めるのは教育委員会だ、それを統括しているのが文部科学省だ。学校は校長が責任者だ、そういう部署がすべての教育に携わっているはずだ。教育とはいったい何だよ、なぜ大人が一方的に決めているんだよ、それが完全に間違っているんだよ。一度、子どもたちと徹底的に話し合ってみろよ、子どもたちが受ける教育を大人たちだけで決めること自体が間違っていると私は考えている。

新年にはなったけど子どもたちの同じ苦しみの朝がまたやってきたのだ。子どもにとっては何一つ変わらない現実の繰り返しなだけだ。

もう夜明けは来なくていいと子どもたちは思っているだろう、本当に残酷物語だ。こうして書くのも辛いよ。

だから、今の世の中はすぐに変えなければならない。今の世の中の土台そのものを変える必要があるよ、何もかもすべてを変えなければならない、特に一番目に変えるのは教育だ。そのことが重要事項だ、子どもたちを永遠に泣かせ続けることは絶対に許されないよ。

今の世の中で大人たちの作り出した物はすべてが犯罪に利用されている、パソコンやスマホや多種のカメラなど数えあげればきりがない。その上どんな物もいつかゴミになる。地球の中はゴミだらけだ、人間もゴミになってゆくだろう、ただのゴミじゃない、ゴミすらもいつかは人間を殺す武器になるだろう。大人たちはそうやって、もうどうにもならない世の中を創り上げてしまったんだ。

車社会も原子力発電所も結局人間を脅かす物になっている、そんなことは始めからわかっていたではないか。何の関係もない子どもたちの未来すら奪おうとしているのだよ。大人たちよ、もう何もしてはいけないよ、一歩でも先に今まで通りの世の中を進めるならば、地獄が大きく口を開けて待っているだけだ。その口の中に子どもたちもろとも落ちていいのか、大人だけが落ちるならいいが、子どもたちを巻き添えにしてしまうんだよ。そんなことは許されないよ、子どもたちだけは何としても救わなければならない、そうだろう。

ここで深刻化しているひきこもりの問題を私なりに考えてみた。親も子どもも精神的にも肉体的にも深刻だ、人それぞれだが親の側は自分たちの育て方が悪い、子の側は外の世界は恐ろしいという固定観念があると私は思う。しかしよく考えてみると親の育て方というよりも、関わり方の問題が大きいと私は考えている。

ニュースで、親が家庭内暴力を振るう子を殺すという事件が起こった。そこに至るまでに親は少しでも子どもの異変に気づけていたか、そして少しでも子どもと話をする時間を作り出そうと努力していかが重要だと思う。親は忙しいからそんな暇はないよと言うだろう、それが大きな間違いだ。学校に行けてるから心配ないとか、子が何も言わないから問題ないとか親は考えがちだが、そのことが大問題になる原因だと私は思う。

日常的に親は子どもと話をする習慣をもっていないといけない、子どもが何でも自由に話ができる雰囲気を、普段から親の方で心掛ける必要がある。それも親の意見を一方的に言うのではなく、まず子どもの話を充分に聞くことが大切だ。時間は少なくても親が聞くことに徹すれば、子どもは安心して話すことができる。そして子どもが話したことに親の意見や説教など絶対に言ってはいけない、そんなことは必要ない、子どもに充分に話をさせることが第一なのだ。そのことを日常的に繰り返していれば親は子どもの異変に気づくことができる。その時こそ親子で静かに話し合えばよい、そして子どもの話を一〇〇%尊重することだ、子どもはどうしたいか自分の願っていることを言っている。その願いを叶えてあげるように親は努力すればいい、それだけだ。

登校拒否などに至るとしても、そこで子どもが何をしたいか、勉強以外のことをしたいのならさせてあげていいのではないだろうか。ゲームは良くないとか思わず、子どもが好むことや興味のあることとならなんでもいいからやらせてあげてほしい。ただ難しいと思うが、ゲームは時間を決めてやることを約束してもらう。そしてゲーム以外のこともやってもらう。物作りや絵を描く、本を読む、料理などはとてもお薦めだ。親も一緒に本を読んだり、料理をすることはもっといい、子どもの自由を守ってあげることが親のなすべきことでもあると思う。その上で家庭内の家事なども手伝ってもらうことも必要だ。掃除・洗濯・片付けなどなんでもやってもらうように少しずつ教えていってほしい。

生活の基本を学ぶことは学校の勉強より大切だ。一人立ちできるように親はしてあげなければならない。自分で食べる物は自分で作る、食べたら片付けるなど、生きていくうえで当たり前のこととして教えていく責任が親にはあると思う。

私の知り合いの婦人は、子どもさんに幼稚園の時から料理を教えて作らせていたと話してくれた。だからその息子さんは、今いいおじさんになっているが、小さい時から料理が得意で、自分の食べる物はすべて自分で作り続けてきたと言っていた。腕前はプロ級だと聞いた。そうなるだろうと思う、そういう経験を小さい頃からしているといつでも自活できる。親にとってとてもありがたいことだ。他に編み物や縫い物も教えて上げるといい、親が子どもに教えることは、生活を自力でできるようにしてあげることだ。

　生き方がどうのとか、性格がどうのとかは親は教えることはできない、子どもといえども親とは違う人格を備えているからだ。子どもにすべて任せて責任を持たせることが大切と思う、親の関わりとはそういうことだと思う。ひきこもりは親だけの問題でもないし、子どもだけの問題でもない、おそらく親も子どもも今のどうしようもない世の中の犠牲になっているだけだ。

　学校教育がすべて悪いんだ、それが原因だと言いたい。そして大人だけの社会にしてしまっていることが親にも子どもにも大きな負担をかけて、心身共に苦しみをもたらしていることも原因になっている。

　ひきこもりが悪いとは私は思っていない、むしろひきこもることで人生が良い方向へ進むことだってある。親の関わり方によってひきこもったがために、子どもが未来の夢を描けるだろうとも思う。親はどんなこともマイナスに捉えるのではなく、必ずプラスの方に考えてほしいということだ。そしていつでも子どもの味方になってほしい。そうすれば必ず子どもはひきこもりから一歩前進できる日が近くなるだろう。そしてひきこもったがゆえに子どもが学べることが多くなり、大成長の因ともなり、幸福になるチャンスを得られるのだ。

どんな問題もありがたいと思えれば、そこから大きな希望が生まれてくるのだ。そうすれば親も子どもも争わないですむ、私はそう思う。親は子どもよりも偉いと思う感覚を変えない限り、難問の解決には至らないよ、そこを忘れてはいけない。決して忘れてはなりませんぞ、子どもは親より能力が高いんだ。くれぐれもご注意を。親は、大変だぁと思うことは少しもない。子どもに従ってついていけばいい。

つまらないプライドは捨てよ。それが、親が幸福になる唯一の方法だ。こう言う私も親の権威を振りかざして子どもに命令していた。しかし子どもはほとんど言うことを聞かず、すべて自分で決めてどんどん先に進んで行ってしまったよ。それで良かったと思えるようになった時、子どもの自由を守る親にならなければとわかってきた。

親子関係は難しくない、親が悟ればいいだけだ。親子関係と同じように、大人たちが子どもたちの能力を認め、子どもたちの自由を尊重することができれば、すべては解決するということを大人たちが悟るしかない。

そのためには、まず現在の教育内容をすべてやめてしまう必要がある。悪業となっている実のない教育は今すぐ止めなければならない。何回でも書くが子どもたちが毎日夜中に何をしているのか、大人たちはその両目を見開いてしっかりと確認してほしい。きっとびっくりするだろう、大人の目の届かない所で何をやっているのか、いじめだ。いじめは犯罪だということを認識しなければならない。いじめる方もいじめられる方も悲劇だ、いじめる原因を作っているのは大人たちの犯罪なんだと言える。

いじめを認識している大人は多いだろう、なのに知らん顔をして見て見ぬふりをしている。罪が大きいよ、そうだろう、そういうことだから子どもたちはいつまでたっても幸福になるどころか、笑顔さえも忘れてしまったんだよ。大人たちよ、わからないだろう、悲しいね、そのために子どもたちの心はすさんでしまった。いじめは益々エスカレートしていくばかりだ、今後、性犯罪も虐待も増え続けていくだろう。大人たちよ、あなたたちのやったことは子どもたちを疎外し、コンクリートの建物に閉じ込め、手足をもぎ取り、すべての自由を奪い、子どもたちの大切な夢すらぶち壊しているのと同じだ。絶対にやってはいけないことをやってしまったんだ、もう取り返しのつかないことになってしまっている。

こんな日本にしてしまった政治家の責任は重大だ。いい加減な政治がまかり通っている、そのためにいい加減な教育になってしまった。そのために子どもたちが苦しめられている。一日中泣かされている、一日中性器攻撃をやられている、一日中虐待されている、どうするんだ大人どもよ、何万回も言うがこの責任を取ることはかなり難しいよ、どれだけ対症療法を施しても無駄だよ。今すぐ悟れ、大人はこの世界の舞台から一人も漏れなく退散してくれ、この地球は子どもたちだけの晴れ舞台なんだ。邪魔をするな、どけどけー、子どもたちが通る、頭が高い、土下座しろ、大自然を子どもたちのために今すぐ用意しろ、いいか今すぐだぞ。それができないのならもうこれ以上大人たちよ、何もしてはいけない。じっと動かないことだ、それしか方法はない。とても耐えられないだろうよ。大人どもよ、子どもたちは何百年以上も耐え続けてきたんだよ、大人たちの命令に従わされてきたんだよ、わかるかね、大人だったら一分も耐えることなどできないだろう。そうだよ、子どもたちの苦しみの万分の一でもわかるか、わからないよ、それが大人というやっかいな生き物なんだ、それを悟るしかない。

大人にわからないことが子どもにはわかる、それが真実だということを大人は今すぐ認識するしかない。それができればこの地球は必ず救われる、そして始めて子どもたちが救われることになるんだ、大人たちよ、わかってくれ。

極論を言えば、コロナウイルスは大人たちの愚行が生み出してしまったウイルスということが言える。子どもたちまで巻き添えを食ってしまったんだよ。何の関係もない子どもたちまで被害にあい、苦しんでいる。大人たちには絶滅してもらうしかないと言われても仕方ない、それ程の重大な過ちだ。大人たちよ、子どもたちに何と言って申し開きをするつもりだよ、この大失態は最悪のことだ。

私は考えるとめまいがする、吐き気がする。さあ、子どもたちの指示に従うしかない、よく子どもたちの言うことを拝聴して、なんとかこの難局を打開しよう。さあ、子どもたちに教えていただこう、あらゆる生き物たちを金稼ぎの道具にしてはいけない。ましてや人間を金稼ぎの道具にするなどもっての他だ。子どもたちを使いポルノビデオを撮るなど、もし神がいるなら神の領域を侵す大罪に値するぞ、そんな恐ろしいことに関わったヤツらは人間じゃない、悪魔だ。永遠に地獄の底から這い上がることはできないぞ、子どもへの犯罪は大罪だ。

赤ちゃんや子どもたちの魂の偉大さは、大人たちの遙か上だ。その子どもたちを犯すことは神を犯すことになる。そら恐ろしいことを平気でやる大人とは、いったい本当に真実の生き物なのか、大人は脳だけロボットになり下がったのか、考えるだけで気が遠のいていく、人間の良識はどこへ行ってしまったのか。

金が稼げればどんなこともするのか、そんなことがまかり通る世の中に大人たちはしてしまったんだ。金が命より大切だという定義が成り立つ大人たちの世の中、コロナウイルスはその大人たちへ警告を発しながら挑みかかってきている。もう金稼ぎをやめろと言っている。赤信号の点滅が止まらなくなっている、人類が直面した巨大な恐怖、そんな地獄の大釜の中にいても、子どもたちは必ず生き抜いて悪業の大人たちさえも助けてくれるだろう。しかも笑いながら歌を楽しく歌いながら、スキップしながら、団結して大人どもを助けてくれるだろう。なんと頼もしい豊かな心の子どもたちなんだろうか、大きな希望がまだあったんだ。

そうだ、子どもたちこそ希望の塊なんだよ、こんなありがたいことがすぐ目の前にあったんだよ、すぐそばにいてくれたんだよ。やっとホッとできた、これで大丈夫だ、そうだよ、恐怖は去っていくんだよ、良かったなあ。

私に使命があるとすればそれはただ一つ、今の学校を含むすべての子どもたちへの教育をすぐに止めさせることを訴え行動することだ。多くの大人たちからご批判をいただくことになるだろう、人間にはいろいろな考え方がある。しかし、こと教育、子どもたちが受けるべき教育に関しては私は自分の考えを間違っているとは決して思わない。今の間違った教育はすべてゼロにするんだよ、私の書いたこの本がどこかの誰かに読んでいただけるなら、必ず一人でも賛同していただけるだろう。その一人から多くの人に私の考えが伝わっていくなら、こんなありがたいことは他にはない、そうなることを大きな希望をもって祈り続ける以外にない。

私一人の力はとても小さい、しかし大切な一波が二波となり、万波となってゆくならば無限の希望が生まれ出るだろう。そのことを毎日祈り続けていくよ、しっかりがんばるよ。私が自分の人生で最大に願っていることは、泣き続ける子どもや赤ちゃんをゼロにすることだ。他にはない、そのことが私がこの世に生を受けた使命と思っている。私はそのことを幸いに自覚することができた、気づくことができたんだ。ならばなんとしてもやりとげるしかないよ、大人たちよ私に協力してくれたまえ、そうすれば必ず人間が幸福に暮らせる日が来るんだ。

私の書いた本を読んで子どもたちはどう思うか聞いてみたい、大人の意見よりも子どもたちの意見をまず最初に聞いてみたい、ぜひ聞きたい。子どもの一番優れている点は常に新しい発想ができるということ、どんな困難な問題にも、その自由で次々と生み出す新鮮な発想は大人には決してまねができない。大人は古い習慣や伝統、自分たちが今まで経験してきたことの上に次の手を考えるようになる。それでは新しい発想など出てこないよ、すべてをゼロにして考えることが必要になってくる。それができるのは子どもたちだけだ、子どもは本能だけで動くからだ、本能だけで新しい発想ができるなんて本当にすごいことだ。

子どもたちに今の時代の世界の難問をどう解決するか、ぜひ聞いてみるといいよ。大人にはとても考えつかない答えを出してくれるよ、びっくりするよ。特に二、三、四才くらいがとてつもない発想ができるんだよ。よくよく子どもの話を聞いているとわかるよ。私のようなバカな大人でも必ず感じることができる、納得することができるよ、やってみたまえ、あくまで私はこの本の中で一つの提案をしているに過ぎない。すべては子どもたちが自由に考え、行動していくしかない、それをお願いしているのだ。

現代の子どもたちは一〇年以上、二〇年以上も職に就けない。体格も立派で能力も高いのに、その一番充実している時に仕事をすることができないのは、本当にもったいない事なのだ。持っている高い能力をゴミのように捨ててしまっているのと同じだ。

子どもたちが充分に活躍できる場所を与えられればどんなにすごい仕事をしてくれるだろう、私には目に見えるような気がする。「宝の持ち腐れ」とは今の子どもたちのことを言うのだ。子どもたちに無農薬農業をしていただこうよ、生きがいを与えようよ、そうすれば大人も充実した人生になっていくんだよ。大人も子どもも幸福になる、子どもに勉強だけさせて、子どもに何もさせないことは大きな罪になる。

大人の中には自分は関係ないなどと思っているヤツは、苦しんでいる子どもを無視しているのと同じだ、同罪だ。弱い者を操り人形のように扱うのは犬や猫を虐待しているのと同じだ。平然と自分のストレスのはけ口にして子どもを虐待しているのと同じだよ。どれだけ子どもを苦しめたら気がすむのかね、子どもたちの命をあまりにも軽く見ているからそういうことができるんだ。大人の権力を振り回すのはもうやめろ、つまらない教育なんかすべてやめてしまえ、私の言いたい事はそれだけだ。子どもたちが幼児の時に親にイヤイヤを言うが、それは子どもの本能がそうさせているんだよ。子どもには経験がないから本能で生きるしかない、その本能がとても大切なんだ。子どもは本能に支えられてまともに生きていくことができる。だから子どもたちのイヤイヤは正しいということが言える。

親は決してそのイヤイヤを拒否してはいけないよ、子どもは正しいことを言っているのだから。今の大人には正しい教育がされていないから、それがわからないだけだ。子どもは完全体だということを理解しなければならない。そうしないととんでもない間違いをやらかしてしまう。結局大人の大失態になる、それを防ぐには小さな子どもたちの言うことをすべて聞くしかない。そして大人はそのことを実行しなければならない、それしかないよ。今の大人たちは仕事をする前に一人の人間であるということを自覚できていないんだ。人間であるということがどういうことなのか、今一度深く考える必要がある。

人間は一人も漏れなく動物なんだよ、そこから始まるんだ。それを忘れると大変な事になる。動物はどのように生きるべきか、よくよく考えて行動することが必要だ。人間も大自然のごくわずかな一部分に過ぎない。ならばこの大自然を人間が支配することなど絶対に許されないことなんだ。それなのに人間は支配しようとしている、とんでもないことだ。支配する者はいずれ支配される、その事をわかるべきだ。

コロナウイルスという目に見えないウイルスに支配されようとしている。それは人間が悪業を起こした事により作り出された驚異の生き物だ。いずれこのウイルスも鎮圧される日が来るかもしれない、しかし次にもっと強力なウイルスが現れるだろう。このままの生活や仕事を続けていくならば、恐ろしいことに必ずなるよ、大人たちよ、どうするかね。

次に学習は二才からひらがなや簡単な計算など教えていってもいい。二才は一番脳細胞が発達する時だから、七才にならないと小学生になれないなんてことはない。二才から学習は可能だ、なるべく早く文字を教えてあげれば早く文字を読めるようになり、子どもにとってとてもありがたいことになる。計算も引き算、足し算、かけ算、割り算など基本はなるべく早く教えることだ、子どもたちの行動にとって役立つことだ。一才半でもいいよ、なにしろ小学一年生で習うような文字や計算などは二才いや一才半でも少しずつ教えてあげられるといい。それなら親でもできる。ただ私の言っているのは英才教育をしろと言っているのではない、勉強は一日一時間くらいでちょうどいい、現在のようなランドセルが重すぎて子どもたちが困るなどというバカなことはすぐになくすべきだ。

ランドセルも教科書もいらない、親や年上の子が年下の子に教えてあげればいい、そのくらいでいい。そういうこともすべて子どもたちに考えてもらい、良いやり方を見つけてほしい。少しだけ学習をやり、農業を子どもたち自身で考えながら習得していけるよう大人はサポートだけすればよい。最初に食を学ぶことが大切だ、子ども自身が畑や田んぼで野菜やお米を作って、その作物を使って子どもたちが考えて料理もしていくように、これも大人がサポートしてあげよう。

なにしろ私の言いたいことはただ一つだ、大人は子どもたちの話を全部しっかりと聞いて、子どもたちの願いを全部叶えてあげること、これだけなんだよ。そうすることが今一番何よりも先にやらねばならない、大人だけが働く社会をやめること、今は高校生からアルバイトができる、中学校を卒業すれば働けるようになっているが、それでは遅すぎる。もっと早くから働くことが大切だ。農業なら二才からできる。働くとは金を稼ぐことではない、本来の人間の仕事とは農業だったのではないのか、私はそう思っている。あくまでも金稼ぎはすぐに止めること、ただ現在の状況ですべての仕事をいっきにやめてしまうのは無理だ。そこを子どもたちに考えてもらえばいい、大人は子どもに何がわかるのかと言うだろう、そういう大人の考えがすべてを悪くしている原因なんだ。

なぜわからないのだろうか、その大人の考え方が私には不思議でしょうがない。子どもたちの自由を縛る今の教育が悪いということを大人はなぜわからないのか、私にはとても不可解だ。私のように思っている大人はいないのか、それを私はぜひ知りたい。子どもたちがかなり苦しんでいるのがわからないのか。見てみろよ、学校の中、幼稚園の中、保育園の中を、じっと見つめてみろよ。現場にすべての答えがあるんだ、そうだろう、すべては現場で行われていることが答えだ。

子どもたちに聞いてみろよ、「園内も校内もつまらない」の一言が必ず子どもたちの答えだよ、そのことをどう思うのかね、大人たちよ、答えてみろよ、子どもは正直だ。今の世の中の現状もちゃんとわかっている、大人たちの蛮行もだ、それなのに声をあげることもできず、無言を大人から強いられて一言も発せられない状況だよ。そうさせているのは大人たちだ、そうだろう、それゆえに世の中がダメになったんだ。すべて大人の責任だ。子どもに一つの自由すら与えていない大人たちの行いが今の世の中をすべてダメにしているんだよ。いつまでたってもどこまで行ってもバカな大人の行いは果てしなく続くんだ。そしてこの地球は大人たちによって果てしなく破壊され続けるのだ。ゴミばかりが増え続ける地球にしていくんだ。

私が子どもたちを救いたいと思った瞬間から、私の心に子どもたちの温かい心が入り始めたんだ。そして私を目覚めさせてくれたんだ、書くことを教えてくれたんだ。子どもたちよ、ありがとう、私は今でも子どもたちの心を感じることができる。子どもとは私の人生の道しるべなんだね、そのことがやっとわかったよ、やっとだね、子どもたちの悲痛な心の叫びが私を呼び覚ましてくださった、私はその心に答えなければならない。必ず子どもたちを救ってみせる、その覚悟で書いている。

読者の皆さんにはぜひわかっていただきたい。私の言っていることではなくて、子どもたちのすべての声を聞いていただきたい。子どもたちの話をじっくり聞いてください、そのことが今一番必要な事だ、同じことを何十回何百回と書くしかない、そして今の子どもたちの現状を知って行動してください。

　特に教育に関係した仕事をしているすべての人に訴える。今すぐに現在の教育を全面的に変えてください。必ず子どもたちの意見を一〇〇%採り入れた教育にしてください。六・三・三制は廃止してください。七才からの入学も廃止してください。無農薬農業は二才からできるのですぐに実施する必要がある。ひらがな、カタカナ、簡単な計算は二才から学ぶことができるので親でも教えられる。二才から学ぶことができればその子の一生に渡っての助けとなる。親をも助けてくれる、やってみたまえ、子どもは子どもではない大人以上の完全体なんだよ。

　辞書で「子どもの日」を調べたら、「子どもの人格を重んじ、その幸福をはかる日」と書いてあった。人格を重んじるとは観念ではない、子どもの全人格を尊重して、その心を知ることだと私は思う。大人は子どもの心を知ろうと努力しなければならない、子どもの声をしっかり聞かなければならない。

夢々おろそかにしてはなりませんぞ。

　スーパーに行くと親が子どもをカートに乗せて子どもが自由に動き回ったり商品を取ったりしないようにしている。私が思うにはスーパーといえども子どもたちの教育の場でもあると思う。親はいらない商品を子どもが手に取らないようにしているが、一つだけでも子どもに選ばせてあげることが必要だ。せっかくスーパーに行って何もできず自宅へ戻るのは、子どもにとって買うという行為の学びがなくなる。一つでいいから子どもに選ばせて買ってあげてほしい、一つでも達成感があれば子どもは満足を得られる、それは大きな学びになる。親が選ぶのではない、子どもに一つの商品を買うという権利を与えてあげるべきだ、子どもにとっては大きな社会勉強になる。そしてなぜ一つなのかを教えるべきだと思う。予算が決まっていること、時間も少ないこと等など、大人は子どもにわかりやすく説明してあげれば子どもは必ず納得できる。そうすればスーパーで勉強ができるのだ。

　そのようにどこでも大人次第で子どもが学ぶことが可能だ。本当の勉強とはそういうことを言うのだと私は思う。机に座ってできる勉強なんてほんの少しだ。テストも宿題もいらない、普段から生活の中で学べばいいことだ。親と歩きながらゆっくり電車を見ている子は幸せだ。見ることは勉強だ、じっくりと見ることで電車がどんな形なのか、なぜ動けるのか、色はみんな違うなど子どもはじっくりと見ながら必ず学んでいる。よく覚えるから電車に詳しくなる。その他の事もすべてそのように子どもは日々学んでいる。何も学校へいかなくても多くのことが学べるのだ、そのためにも外歩きは重要だ。子どもにとって外の景色は学びの宝庫なのだ。家にいても学校にいても何もわからないよ、まず外歩きから始めなければいけない。

自転車はいらない。大空の下、大地を踏みしめてあらゆる景色を見つめながら歌でも歌いながら親と歩けたら、それはそれは宝の時間になるよ。親にとっても最大の学びの時になり、心が晴れやかになれる。親子共々に幸福の時を創り出せるんだ、楽しいなぁ、そう思わないかね。

そして話は変わるが、車などのスピードについて私なりの懸念を書きたい。人間はどんどん便利な物を発明していろいろな乗り物を造り出しているが、スピードを出す物を造る理由はなんだろう。忙しいから、自由な時間がいっぱいできるから、重い物を速く運びたいから、遠くへ行けるから等など、いろいろなことを言うだろう。でもスピードっていったい何なのか、疑問が湧いてきた。速く、もっと速くをどんどん速くして、人の五感と心がついていけなくなってしまったのではないだろうか。何もかも速くしないと気がすまなくなる、リニア新幹線のような猛スピードの乗り物に乗って何が楽しいのだろう。そりゃ目的地に早々に着ける、実家の両親に仕事が忙しくても会えるとか、疲れずに遠くの職場へ行けるとか、まあ、いろいろ利点を並べるだろう。確かに忙しすぎる世の中なのでとても便利だ。なるべく無駄な時間を省いて有意義な時を過ごすにはかかせない乗り物なのかもしれない。

でもちょっと待ってください、そんな猛スピードの乗り物を利用することは、もっともっと速い乗り物がほしくなるのではないか。忙しすぎる世の中にしてしまって、果たして正しい働き方なのかと気になる。忙しすぎるから速く行かなきゃならない、もっと速いスピードが出ればもっと速く行けていいのに、などと際限なく速まるスピードが要求されるようになるのではと危惧しているのは私だけだろうか。

忙しいから速くする、しかしよく考えると、速くしてしまうから忙しくなるのではないだろうか、違うのか、忙しくしてはいけないのだと根本の過ちに気づくべきなのではと私は思ってしまう。どうしてそんなに忙しいのだろうか、そうしないと利益が上がらないとか会社が発展しないとか、人間の際限のない金稼ぎの欲望があるからなのだろう。どこまで進んだら安心できるのだろう、いや、どこまで行ってもきっと安心感はやってこないよ。

金儲けに終わりはないんだ、そのことが大量生産、大量消費という悪循環を生み出してしまったんだと思う。そしてそのことが地球温暖化やプラゴミ問題など環境破壊に繋がっている、恐ろしい事になることは薄々わかっていたのか、いないのか、野放図に大人たちがしてきた無責任のつけが思いもよらない最悪の事態を招いてしまった。

この仕事を続けていったらどういう結末が待っているのかなんて何も考えないで、ただ金儲けが出来ればいいんだなどと、ふとどき者の考えがこんな始末のつけられないことになったんだよ。どうするのかね、まったく大バカとしか言いようがないよ、大人は何も考えていないんだ、ただただ、金というニンジンを目の前にぶら下げて突っ走っているだけだ。馬の方がよほど利口だ、大人は馬よりバカだと言える。どんどん金儲けだけやり続けるならば、膨大な犠牲を払わなければならなくなるのだよ。

どうするか大人たちよ、この状況はもう絶壁の上に立っているのと同じだ。逃れようがないよ、もう大人たちの能力では限界なんだ、そのことがさすがにわかるだろう。大バカにもわかるよ、そうだろう、わかるしかないよ、大人のやることとは「アーやっちまった、じゃあなんとかしなきゃ、どうしようか」の繰り返しだ、責任能力がまったくないと言える。あきれるだけだ、その大人を見て子どもたちがあきれて物も言えないのだ。

だから子どもは大人を信用できなくなるんだ、信用したくてもどうしてもできない。子どもの悲劇だ、大人が信用できなくなればその怒りを弱い者に向けていく。そこからいじめが始まる。大人が子どもにいじめをさせているんだよ、そうだろう、本当にかわいそうなのは子どもたちなんだ、すべての悪の根源が大人たち自身にあるんだ。そのために地球に生きるすべての生き物たちの安らかな眠りが絶たれている。常に安心感がない、まったくない、何かに怯えて生きていくしかない、そんな状態を大人は創り出してしまったんだ。

いじめをやられる子どもは毎日恐ろしい朝がやってくる。希望なんてどこにもない朝だ。そんな子どもたちの心はすさんで荒れ果てた大地のようだ、太陽の光が消えてしまった世界のようだ、心の病に侵されていくに違いない。子どもたちにも精神病や自殺が襲いかかる。子どもたちを追い込んでいるのは大人だ、その罪はデカイよ、さあ、大人たちよ、どうするのかね、教育大改革をやるしかないんだよ、今すぐだ。教育制度の六・三・三制を止めるんだ、そして大人の考えた教育そのものをすべてやめてしまうんだよ。それしか子どもたちを救う方法はないよ、何万回も同じことを言わなければならないなんて、いったい世界はどうなってしまったんだろう。

私がこの本で書いたことは小説ではない。エッセイ、詩、ノンフィクション、ドキュメンタリーでもない。ただただ私の一番訴えたいこと、今まで考えてきたこと、感じ続けてきたこと、見てきたこと、すべてを書かなくてはならないことを書いた、それだけだ。そして書いたことが必ず世界中の人たちに伝わり、今までの人間の生き方の転換をしてほしい。必ず変えるべきだ、あらゆる人たちが生きやすい世の中に変えていかねばならない。一人も漏れなく安心して生きていく、生き生きと生きられる世の中にしていくことが、今、最も求められているということをわかってほしいだけだ、そのためにがんばって書いた。

　素人の文章だから伝わりにくいかもしれない。しかしどうしても伝えなければならないんだ、わかってください。人間にとってとても大切な土（つち）は大地に必ずあるものだ。その土の多くを人間はアスファルトで覆ってしまった。車を走らせるためだ。本来の土は太陽の光を浴びて、降り注ぐ雨に打たれて、木たちや動物たちの出す糞や尿や枯れ葉を養分として土自体が生きている。土の中にも小さな生き物たちがいる。目には見えない菌たちも生きている。

　その生きている土を人間はアスファルトで殺しているのだ、土が生きていけなくなるとどうなるのだろうか。この地球は大地と大空と大河や湖、大海そして太陽の恵みを受けながら新鮮な空気を吸って、あらゆる生き物が生きている。人間が土を殺し続けることは、あらゆる生き物が生きていけない地球にしてしまうことになる。ましてやスピードを出してアスファルトの道路を車が走りまくることは、危険と共に排気ガスも発生させる。何も良い事はない。

生き物が生きていくための本来のスピードがあるはずだ。それは人間や動物たちが歩くスピードがちょうどいいはずだ。それ以上のスピードを出すことは、生き物にとって危険を生み出す速さになる。もちろんライオンやヒョウなどの肉食の動物は走る速度がとても速い。それは獲物を獲る時だけの速さで、普段は人間と同じだ。しかも動物は道路を造らなくても走れる。人間もそうだ、車のためにだけアスファルトの道路を造る必要があるのか、果たして本当に道路は必要なのか、車が必要なのか、バイクも自転車も必要なのかと考えてしまう。スピードの出る物が必要なのか、もっとゆっくり生きられないのか、時間という観念が今の世の中にはなくなっていってる気がする。

ただ時計を見て「早く起きなきゃ、早く食べなきゃ、早く歩かなきゃ、早く早く早く……」とすべてが急がされ、「時は金なり」のごとくに人間たちが急かされて、ゆっくり思考する暇もない。ゆっくりと青空を仰ぎ、瞬く星を見ることもない。なぜそんなに急ぐ必要があるのか、忙しいからスピードの出る車が必要だというだろうが、そのこと自体が本末転倒なんだよ。忙しいからスピードの出る車が必要なのではなく、スピードのある車を造ってしまったがゆえに忙しくなっているんだよ。すべてがそうだよ、働き方が間違っているのに物に頼り、物を作り続けて仕事をするしかないようにしているのは人間だ。そのことがすべての悪循環の始まりだ。

そうすることで大量の処分しきれないようなゴミを出し続けているんだ。そして自分たちの首を絞めている、何もかもが本末転倒だ。頭脳はそんなくだらない働き方をするためにあるのじゃないよ、そうだろう、すべてよく考えて行動に移すことだ。

今の子どもたちの生活はどうだろう。大人の強制で保育園、幼稚園、学校へと行かされる。必要のない勉強をさせられ集団行動をさせられ、まるで戦争をしていた当時の日本の軍隊そのもののような、有無をいわせぬ一律の教育を強いられている。子どもの主体性や個性や意思はすべて消されて、大人の命令一下で大人の言うことだけに従わされ続けて大人になっていく。

空恐ろしい魔力によって、もはや死人同然の魂のぬけがらのような子どもの表情には生の輝きも、心からの笑顔も、すべて消し去られてしまった。もう無力感しか残っていないのだと言える。とんでもない現実がすべての子どもに覆いかぶさって、息もできないような地獄の毎日が表出している。その中で子どもは生き続けなければならないなんて、そんなバカなことがあっていいのか。

大人どもよ答えてみろよ、勝手な振る舞いは絶対に許されないよ。永遠に暴君をやり続ける権利は大人どもにはないんだということを、大人は認識できなくなっているのだ。

金稼ぎのために永遠に自分らしさや人間らしさを失うことは、人間の心の荒廃を意味する。大人どもは、もはや心の荒廃すら感じなくなっているのだ。そんな大人どもに大切な子どもの心を踏みにじられることは絶対に許されないと言うことを、私は訴え続けることを決意した。

もしも私が学校で生徒たちに教えることがあるとするならば、それは一つだけだ。人間の中で一番能力が高いのは赤ちゃんと幼児で、その次が子どもだということ。バカな大人の言うことなど聞く必要はないということも付け加えるよ。たったそれだけ教えることができるならば、他に教えることなど何もなくて良いと私は感じる。AAAA

一人一人の子どもが自分で感じた疑問に対して、その一人一人が考えたオリジナルの答えもある。子どもの数だけ疑問があり、子どもの数だけ、その答えもある。今の学校教育のテストのように一律の同じ質問があって、その答えも既に決まっている。そんなやり方は子どもの創意工夫が何もない事になるではないか。そこに今の学校教育のひずみを感じるのは私だけだろうか。学ぶことに自由がない。

第二章　いじめ

　今、夜中の時間だ、私は毎日のように近所に住む中学生の男の子の「痛いよー、うぉー」と言う押し殺した声で目が覚める。繰り返し繰り返し「痛いよぉ」と言い続けている。その悲痛な叫び声は私の眠りを切り裂く。そして私はこの文章を書き始める。なんとしても、この男の子の苦しみを世界に向けて告発しなければならないと決意している。この男の子は兄から毎日、何回も性器攻撃をやられているのだ。

　おそらく三才くらいから十年以上続いていると思われる。そういう男の子は今の日本に数多くいる。いじりと言ういじめだ。いじめる方もいじめられる方も悲劇だ。今の、いや、大昔から続いている日本の教育の悪弊が子どもたちを苦しめ続けているのだ。

　夜中の時間から早朝まで性器攻撃は続くのだ。私は何回か確認しているので、間違いない。やられる子どもは本当に悲惨だ。心も身体もぼろぼろにされている。大人たちが寝静まった時間に始まる、長い時間だ。痛みはすごいだろう、中学生くらいになれば力も強くなるからなおさらだ。本当にかわいそうでならない。幼い子どもたちの間でもこの性器攻撃がとてもはやっていて、多くの男の子がやられている現実を大人たちは認識していながら無視している。

そのことが子どもの性器攻撃を増長させているのだ。保育園や幼稚園や学校でも数多く見かける行為だ。先生たちも知っていて注意もしないし、無視や黙認をしている。やられている子どもは家の中でもやられることがもちろん多くなっているにもかかわらず、親も黙認をしている。子どもは誰にもこの苦しみをわかってもらえず泣き叫ぶしかない。果てしなき生き地獄となっていくのだ。

大人どもよ何も感じないのか、子どもの苦しみを感じないのか、子どもは「親が一番の理解者のはずじゃないか、なのになぜ攻撃を止めてくれないのだろう」と、不信をおこしている。

もうどこにも子どものSOSは届かない、そのように子どもは悟ってしまい、大人を信じなくなってしまう。そして自殺に至ることになるのだろうと私は考えてしまう。子どもたちの受けている非常な苦しみをなんとしても私は書きとどめなければならないことを自分に課した。

私が今できる事をやらなければ、大きな後悔をしながら死んでいくことになると思った。子どもたちの苦しみを知ったからには、その苦しみを消さなくてはならない。子どものこの悲惨な状況を必ず私は変えてみせると覚悟を決めた。子どもたちの苦しみを大人たちに問い続けていくよ、そして必ず大人の子どもに対する認識の間違いを正していかなければこの世は終わりだ。

大自然を取り上げられた子どもは死んでいるのと同じだ。大人は子どもの心を読み解く努力を永遠に続ける必要があるのだ、私の人生の結論だ。赤ちゃんや子どもたち程、大切な宝の存在はないのだから、そう思うだろう。

大人と言えども自由を奪われると悪巧みをするようになる、ましてや子どもはもっとだ。完全に大人の支配下に置かれた子どもは思考力を失い、その反動でいじめをするようになる。

そもそも子どもという生き物は大自然の中でしか生きられないようにでき

ている。大自然を失ってしまった生き方は子どもに大きなストレスを与えてしまうだけでなく大いなる希望と偉大な想像力と創造力を失わせてしまう。大変な悲劇を生むことになる。そのことを大人は理解しようともしないし、気付いてもいない。大人の大失態だよ。そんな子どもはまともに育ちようがない。大きな不安を小さな体で抱えてしまう。

もうそれは子どもじゃない、生きる希望を失ってしまった、ただの動物だ。そんな動物は生きてはいけない、そのうえ、いじめ、虐待、性犯罪が大きな口を開けて待っている今の世の中は、子どもにとって不幸以外の何物でもない。そのようにしてしまったのは大人たちだ、大人たちは大バカだ、子どもたちの心をわかろうともしない、努力もしない、そんな大人はこの世にいらない。大人よりも能力の高い子どもは大人の上にあるべき存在だ、なのに大人は子どもを下敷きにして子どもの存在すら消し去っている。子どもを守ると見せかけているだけだ、そんな世の中だ。

人間やすべての生き物は大自然の中にある物だけを使って生きるように定められている。おカネという物は大自然の中にはない物だ、だから使ってはいけないことになる。金稼ぎは間違った行為だ、ということになる。なのに人間はこの金稼ぎという愚かな行為を果てしなく続けている。そのために多くの生き物が犠牲になり地球自体をも破壊しようとしている。人間はおカネのために戦争などで果てしなくすべての大自然に生きているものを殺し続けてきたと言える。あげくに核兵器という悪魔の産物を作り使ってしまった、そして今も作り、保有し続けている。

今までの愚かな行為の結果としてコロナウイルスは出現してしまい、人間の命を脅かしている。これだけの惨事を招いてもまだ人間は、いや大人たちは目が覚めないのだ。いったい大人たちはどこまでバカなんだろう、そう思わないか。金稼ぎを続けることは人間の命、いやすべての命を脅かし、破壊させ絶滅させるだけなのだということをもうわかってもいいはずじゃないか、子どもたちはもうとっくにわかっているのだよ。

地球の中には多くの国がある。そして国境があり、自国の海域も定められている。はなはだ情けない状況だ。何回も言うが大地も大海原も大空も人間だけのものではない、すべての生き物の大切な生活の場であることは言うまでもない。それなのにまるで人間だけが支配してよいとでもいいたげな態度で、人間は傲慢この上もなく生きている、そんなことが許される訳がない。人間は勝手に大地を支配し、大空を支配し、大海原を支配したうえで戦争まで引き起こしている。そのうえ核兵器などという悪魔の産物まで使い、大切な多くの命を殺りくしてきた。それでもあきたらず大自然を破壊し続けている。

そして人間の命の中でも一番大切な赤ちゃんや子どもたちまでも支配し続けている。いったいどこまで支配し続けたら気がすむのだろうか、人間の大人とはなんて不条理な生き物なんだろう、わがまま放題だよ、私の言っていることに間違いがあるかね、ないよ、なのに何の反省もなく大人たちは我が物顔でシャーシャーと生き続けている。

なんて愚かな生き物なんだろう。人間はこの地球にあっては最大に謙虚な態度で、小さく、小さく生きていく必要がある。誰もが一人ももれなくこの地球を壊すことなく、他の生き物たちを見習って生きていかねばならない。人間以外の生き物はすべてわが身を鍛え上げ、進化し続けている。決して自然を壊したりしないで独自の生き方を工夫している。人間が真に見習い学ぶべきは人間以外の生き物たちの姿だ、そうすることが人間にとって一番大切な生き方をすることになる、本当の勉強だよ。

　虫や草などの植物がどのように生き延びているか、じっと観察していくと大切な生き方ができる。その生き方を見習って生きるならば人間は正しい生き方が見えてくる。その小さな生き物たちに一番近い命が赤ちゃんや子どもたちだ。産まれながらに小さな生き物たちの能力を備えている。だからこそ純粋に物事を見極めることができ、大きく発想の転換を可能にすることができるのだ。その偉大な子どもたちこそ、この地球に現れた希望の星なのだ。

　子どもが自身の考えで自由に活動できないということは、子ども自身が人格形成をできないことになる。何ものにも左右されない生き方をしなければならない。それが一番大切なことだ。大人が口をはさむ余地はどこにもないのだ、子どもはそのままで完全体だからだ。子ども時代は短い、だからこそその存在は不滅の輝きを放っている。なので子どもを傷付けたり殺すなどという暴挙は大人にとって大人を守ってくれる宝を壊すことと同じだ、その大人も生きていくことはできなくなるだろう。

　レストランでよく見かける光景だが、親が決めたメニューを子どもに押しつけている。当然子どもは自分の好む物とは違うので泣く、親はむし歯ができる甘い物は避けようとするので親の決めたメニューを子どもに食べさせようと強制する。「うるさい、静かに」と親に叱られ、子どもはいやいや従わざるを得ない。ちょっと待てよと私は思う。完全体の子どもが選んだメニューならば子どもの体にとって、とても良いはずだ、それが大人にはわからない。子どもに選ぶ権利を与えるべきと私は思う、子どもの五感はとてもするどい、なので、おいしい物はわかっている、それは体にもいいということになる。子どもには自由がないと他の子をいじめるようになる。

　いじめの行為はすべて犯罪であることを明記する、私はそのように考える。なので性器攻撃や殴る、蹴るも叩くもすべて他人の体を傷付けることは犯罪に等しい行為だ。許されないと私は考える、そういうことをやっている子どもも大人も私は非難する。絶対に今すぐにやめていただくことを誓ってくださ い、いじめをやられる方は心も体もぼろぼろにされるよ、子どもたちよ、大人たちよ、わかってください。

　金曜日の夜は悲惨だ、夏の盛りのセミの大音声の鳴き声が四方八方から聞こえてくるような、まるで私の頭の耳鳴りがひどくなったような子どもたちの泣き声だ。すごいよ、いじめだったり、虐待だったり、性犯罪だったり、子どもたちの地獄の始まりなのだ。夜中も明け方もずっと続いていく。悲痛な泣き声がすごい勢いで私の耳に届く、私は高齢だが子どもの悲痛な声が押し殺していても地獄耳で聞こえるのだ。私は止めることもできず、自分がなんて無力なんだろうと自分を責めたくなる。やられる子どもたちの苦しみが今の大人たちに少しでもわかる人が一人でもいるだろうか、いないからこんなひどい世の中になってしまったんだよ。無力な私は書くことしかできない、そのことで今の子どもたちのものすごい苦しみを訴えるしか能がない。情けない、子どもたちに申し訳ない、なぜこんなひどい世の中になってしまったのか、もう考えている場合ではないよ、すぐに教育大改革だ、いや中止だ、それしかこの悲惨な現実を変えることはできない、もう待ったなしだ、これ以上子どもたちを苦しめてはならない。

何回も書くが、多くの子どもが受けているいじめの中でも、悲惨なのはいじりと言う性器攻撃のいじめだ、大人になっても続く。一度、このいじりの標的にされるとかなり長い間被害に遭う人もいる。今の世の中は、すべての人が間違った生き方をしてしまうがゆえに、そのストレスのはけ口がない、多くの人が凶暴化する方向へ進まざるをえなくなっている。おとなしくて弱い子どもや青年、大人でさえも標的にされる、そんな日本になってしまっている。すべては教育が間違っているからだ、点数重視の教育は本来の学びとは、まったく別ものになってしまっている。子どもにとっての正しい学び方にしない限り、子どものいじめは益々エスカレートしていく。子どもの自殺も大きく増える一方になっていく。恐ろしい世の中がやってきている、ある意味、コロナウイルスよりよほど恐ろしいと言える。子どもが凶暴にならざるをえないようにしているのは大人たちだ、このままでは日本の未来は必ずなくなる。

私は又、この文章を夜中に書き始めた。夜はまだまだ明けない、冬は夜明けが遅いから、私はいつもの中学生の「痛いよー」という声で目が覚めて起きたのだ。なぜか私には子どもの小さな声も聞こえる。自分もつらくなるのでこの原稿を書いて気持ちを落ち着かせているのだ。書くことは私にとって心の中にたまった苦しみをはき出すことと同じだ。少し心が楽になる、私は書くことで心のバランスをとれる。

しかし、子どもたちはこのくそ寒い中でいじめを夜中に受けているんだよ、連れ出されて毎日やられている。一月はとても寒いよ、それなのに外でやられるんだよ、大人たちよ、わかるかね、子どもたちの受けている苦しみが無限大だということが……。

戦争をしないから平和なのではない、人が人の自由を奪うことが戦争に繋がる、一国を一部の人間たちが支配することが戦争に繋がる。人間は何ものをも支配などしてはいけないのだ。現代は大人が子どもを支配している。子どもの自由が大人によって奪われている。そのことは戦争の本質となんら変わりはない、夢々そんなことをしてはなりませんぞ、恐怖の世界を造り出してしまいますぞ。今も毎日二十四時間、子どもが、赤ちゃんが泣かされている。もうこの世は子どもたちの泣き声、落胆の声しか聞こえなくなってしまった、とんでもないことだ。

これだけ子どもたちが苦しんでいるのに、大人は子どもたちを支配し続けている。子どもたちには何も自由がない、自由に生きる目的を与えられないことは死んでいるのと同じだ。生きる意味がなくなる。大人に命令されたことだけに従わされて、競争ばかりさせられている。自由な心で大自然を見ることも、新鮮な風を感じることも許されなくなった子どもたちがやることはいじめだ、どんどんエスカレートしている。夜中の大人が寝静まった時に子どもたちは、いじめている、やられている子どものうめき声や泣き声が私の耳に届く。

痛いよ。
痛いよ。
痛いよ。う……。
やめてくれ。
やめろ。

いやだ。
いやだ……う……あ………。
いやだあぁぁ、痛いよぉー、痛いよぉー、痛いよぉー、痛いよぉー。

子どもたちの惨劇が毎夜繰り返し起きている。私は書くしかない、この事実を書いてすべての大人たちに伝えていくしかない。私は大声で叫びたい、大人どもよ、子どもたちの苦しみを知れ、子どもたちを今すぐに解放しろ、子どもたちに新しい朝もなければ希望の朝もない、永遠に夜明けは来ないのだ。暗黒の闇に放り込まれた子どもたちの魂よ、自殺に追い込まれていく命よ、なんとしても私は救いたい。

今日も子どもたちのうめき声で夜明け前に起こされた。昨日も、その前日も、子どもたちの苦しみを感じる時にこの原稿を書いている。ほぼ毎日夜中に起こされる、誰にも助けを求められない子どもたちの叫びは、便利な世の中なのに消されている。子どもたちの助けを求める声はどこにも届かず、ひたすら、とてつもなく我慢させられている。こんなことがあっていいはずはない、悲劇だ。今、室内は五度、暖房はしていない、それでも私は起きて小机の上に原稿用紙を出して書いている。かなり寒い、しかし子どもたちはもっと寒いはずだ。外に連れ出されていじめられている、男の子同士の性器攻撃は永遠に続くのだ。

今の教育が続く限り、大人の支配が続く限り子どもたちの自由は何もないのだ、実のない生きがいのない世の中で、子どもたちは地獄の中で苦しみ続けて生きていくしかない。子どもたちにとって、この世は毎日が本当に恐怖の世界になってしまった。

なぜこんな世の中になってしまったのか、多くの子どもたちの悲痛な声を殺した泣き声のさざ波が私の耳に届いている。日に日に泣き叫ぶ子どもたちの数が増えている。遠くで小学生の高学年、中学生の低めのうめき声も他の泣き声のさざ波の中に混じって聞こえてくる。毎週の金曜日の夜、土曜日の夜、連休などは悲惨だ、春、夏、冬休みは泣き通しだ。苦しいのを、辛いのを、助けてを、こらえて泣いている、ひたすら泣かされている。いじめ、虐待、性犯罪が誰にも見えない所でやられている。やられているのは子どもたち、女性たちだ。被害者が日々増え続けている、なんの罪の意識もない犯人たちの犯す性欲の満足感のためにやられ続ける被害者たち、この世は苦しみだけの世界に変えられてしまった。

変えたのは大人たちだ、実のない教育が生み出した犯罪なんだよ、子どもたち、女性たちのものすごい苦しみがわかるか、わからないだろう。性欲・支配欲が渦まく世の中の惨劇が日々繰り返されている。それを止める者は誰一人としていない。悪夢は永遠に続いていくだろう、この世の中をそして世界を変えない限り、さざ波が大波となり、荒れ狂う荒波となっても終わりなき苦しみはひたすら続いていく。

人間の心の破壊が始まったのだ、もうどうすることもできないよ、死なない限り終わりは来ない。

いつも思うこと、感じることだが、私が歩いているとどこかしらから子どもの泣き声がしている、それも一人や二人じゃない、多勢の子どもたちの泣き声がしている。少しの時間だけ泣くのは問題はないだろうとは思うが、五分以上泣き続けていたら警戒しなければならない。子どもは泣くものなんだなどと決めつける大人はバカとしか言いようがない。赤ちゃんや子どもは泣くことで自分の危険を大人に知らせているのだ。泣くしか知らせる手立てがないからだ。ただ泣いている訳ではない、必ず意味がある。事故や事件、虐待やいじめなど、赤ちゃんや子どもたちが危険な状態になった時は赤ちゃんや子どもたちは必ず激しく泣く、そのことを大人は重視する必要がある。

放っておいてはいけない、すぐに対応しなければならない、いじめの場合は子どもたち同士でやることなので大人は軽く見ているようだが、いじめは犯罪だ、やられる子どもは体も心もズタズタに傷つけられる、そのことを大人は必ず認識する必要がある。精神的に追い込まれれば、その先に自殺が待っていることも多い。それは絶対に防がなくてはならないよ、何万回でも言うがいじめをしてほしくなければ大人は今の教育をやめるしかない。それもゼロにすることだ、すべての今まで通りの考えを捨て去ることだ。すべてをやめる必要がある、そうすれば、子どもも大人も共に幸福になるんだ、そして二才から無農薬農業をやることだ、しかもすべてを子どもたちに聞きながら、子どもたちの意見を最大に尊重しながら進めていくことが重要だ。

第三章　子どもに学ぶ

私がどうしても書いておいた方がいいと感じている事がある。それは医療の分野だ。私は今まで六十九年間もの長い間にお医者さんや看護師さんたちから何度も命を助けてもらっているだろう、そのお陰で今、私はまだ生きている、とてもありがたいことだ。医学の進歩は著しく人間はそのお陰で長寿になった、そして健康に生活ができるようになった。

しかしだ、それで人間は幸福に死んでいけているだろうか。納得のいく死を迎えられるだろうか、私には疑問だとしか思えない。なぜならば、高齢になり入院して、いやおうなしに治療して寿命を延ばすことで逆に苦しむことになり、これ以上苦しみたくないから殺してくれと叫んでいる人を見た時のショックは、私に人間の死というものを深く考えさせてしまった。

死なせないための治療が必要だろうか、人間が自然に死んでいくことが逆に難しくなっているのではないか、治療をすることは果たしていいことなのだろうかと悩むことになった。オマエはとんでもないことを言っていると非難されるのは覚悟している、ただ私は必要以上の際限のない治療が行われる事に不安を覚える。今まで散々治療をしてもらっておきながら、よくそういう事が言えるなと言われるだろう。その通りだ、しかしあえて私は言わせてもらいたい。治療をするってどういう事なのだろう、どこまでが治療してよい領域なのか、範囲なのか、それは決まっていない。だから果てしなく治療は続く、命がある限り、命を助けるために、そのことは本当に正しいのだろうか、考えれば考える程わからなくなる。

人間以外の自然界の生き物たちは何も治療などせずに死を迎えている、その死は荘厳さに包まれている、私はそう感じる。人間も死と背中合わせに生きている、いつ、その最期の時を迎えるのか誰にもわからない。ただ人間以外の自然界の生き物たちは治療をすることはない、そして亡がらをお墓に納めることもしない、自然は生きることにも死ぬことにも一切手を加えない。あるがままの姿で生きて死んでいく、そのようにすればたとえ亡くなっても心の平安が保たれているように感じる。精一杯生き抜くことで納得の死を迎えることができるのだろう、そう考えれば死にこだわる事もなく、自然な死を迎えられると感じる。

じゃ、病院はいらないと言っているのではない、治療はどうあるべきなのかを考える時が来ているのではないだろうか、と感じる。人間の生き方と共に死に方も考えなければならないのか、いや、正しい生き方が決まれば正しい死に方も決まるのではないか、その正しい生き方を子どもたちが教えてくれるのではないだろうか、私はそのように感じる。

それには教育行政に関わっている大人たちに悪業の教育をやめてもらい、本来の人間の生き方ができる世界を取り戻すしかない、それは無理なことだとあきらめることは許されない。少しずつでも人間が生きている意味を本当の意味を考え、子どもたちからすべてを学ぶしかない、子どもたちだけがこの世界を変えることができるからだ。

今こそ行き詰まってしまったこの世界を変える時が来た、すごいチャンスが来たんだ、人類に与えられた最後のチャンスだ。これを生かさないと人類は必ず滅びる、人間や動物たち、そしてすべての生きとし生きるものたちを救うためには、この地球を守るためには子どもたちの知恵が必要だ。今のこの世の現実はあまりにも悪夢に満ちている、地獄にどんどん向かい続けている、地獄の底にたどり着く前になんとしても生きるものたちをすべて救うのは今しかない。

さあ、子どもたちの登場だ、子どもたちのそのすごい能力で助けてもらうしかない。子どもたちを解き放つのだ、そうすればこの地球は必ず救われる、このことは何万回、何百万回でも言っておく。子どもたちはいつも絶え間なく体を動かし続けている、本能的に生まれながらに自分の体を鍛え続けるように造られているので、そのように自然に意識せずに体を動かすのだ、じっとしていられない生き物なのだ。大人が知らないだけだ、それをくだらない教育のために机に縛り続けることは子どもたちの体も心もすべて駄目にしていることになるよ、それは絶対に許されないことだ。大人がこれまでの歴史の中で大きな間違いを犯してしまったのは、子どもの言うことを聞かなかったからだ。子どもの言う通りにしていれば戦争も紛争もすべての争いがなかったはずだ、子どもの動きをじっくりと見ていればそれがわかるのだ、子どもは他人と争うことより、自分の能力を高めることだけに時を使う生き物だ。

大人になるとそのことをすべて忘れてしまい、金稼ぎのことしか考えなくなる。それも他人を利用することでもっとカネを稼ごうとする、悪の始まりだ。何もかもがゴミのように無駄な世の中が造られ続けていくことになる。どうして大自然を壊してしまったんだろう、何もしてはいけなかったんだよ。子どもたちに了解してもらわないと何もしてはいけないんだ、大人たちは、子どもたちの了解の返事を聞くまでは何一つやってはいけないのだ。そのことを守らなかったために今の世の中ができてしまった、残念で仕方ない。

本当に、考えれば考える程、胸が苦しくなる。子どもたちの偉大な、この世で一番大切な子どもたちの能力を駄目にしてしまった、大切な宝を捨ててしまったのと同じだ。子どもたちは創造力も想像力も失わされて、体を鍛えることも許されず、仲間も友人すらも害することを覚えさせられてしまった。

すべて大人の仕向けた、大人が強制させてこうなってしまったも同然だ。なんという愚かな行為を大人はしてしまったんだろう、ゲームしか楽しむ術のない子どもたちばかりにしてしまった。子どもの大切な大切なすべての能力を奪い去ったのは、誰でもないチクショー以下の大人たちの仕業だ。私もその一人だ、子どもたちを地獄の渦にたたき込んだのは大人たちなのだよ、わかれよ、無能な大人たちよ、気づく時はこの瞬間の今だ。

私は、すべての人が受けている被害を告発するためにこの文章を書いている。生きている限り正しいこと、真実を書いて子どもたちを救いたい、もうこれ以上子どもたちを苦しめてはならない。私が苦しめられるのは大人だから仕方ないかもしれない。

しかし、子どもたちには責任はないし何の関係もないことだ、大人の犠牲になっているのだ。こんなことがあってはならない、子どもたちだけは助けなければならない、必ずだ、今すぐだ。心ある大人たちが一人でもいるなら今すぐ叫んでくれ、今の子どもたちの現状を私はこの文章を書くことで叫んでいる。もっと多くの大人の叫びが必要だ、どんどん増やし世界中に知らしめていこうよ、子どもたちだけでは叫ぶことはできない。

なぜなら今の子どもたちは一人も漏れなく子どもの考える意見の声を発することを許されていないからだ。叫んでも叫んでも、誰一人として聞いてくれる大人はいないからだ。どれだけ正しいことを叫んでも大人はみんな子どもたちの叫びを無視してしまう。そんなみじめな悲しい世の中になってしまった、どうしてこんなことが起きてしまっているのだろうか。科学が発達し医学も発達しているのに、多くの技術が開発され続けているのになぜなのだろう。

それは一番大切な、一番基本としなければならないはずの子どもたちの純粋な心が、大人たちによって奪われてしまっているからなのだ。そのことに大人の誰も気づいていないからだ、子どもは子どもではない、人間の中で一番偉大な尊貴な存在なのだということが知られていないからなのだ。大人の認識の間違いだ。その大きな過ちを大人は犯してしまっている。そうだろう、すべての悪の元凶は子どもたちからすべてを教わろうという大人の側の心が失われていることにある。そのことに気づかない限りすべてが間違った方向に進んでいってしまうのだよ。

大人は大変な間違いを犯しているのだ、どこまでいってもこの世の中は良くならないよ。子どもたちのすばらしい心を知るべき時が今やってきたのだ。

まだ遅くはない、今すぐなら間に合うよ、今の世の中をどうしたらよいか、今すぐ子どもたちに聞くべきだ、それしか解決の糸口は決して見つからないよ。なにしろ大人たちの考えを改めるしかない、子どもたちに全面的に任せるしかない、そうすればこの世は救われる、必ずだ。

今こうして原稿を書いているが手の親指の痛みが出て少し休みたい、でも書くことをやめることはできない、子どもたちを今すぐ助けなければとんでもないことになることが私にはわかっているからだ。

毎日二十四時間子どもたちの泣き叫びがあらゆる方向から聞こえてきて、私の胸の痛みはおさまらない、なんとかしたい、でもどうすればいいかわからない。パソコンもスマホもない私には文章を書いて一人でも多くの人に読んでいただくしかない。私の心の叫びを受け止めてくださる方が一人でもいて、世界中に私の、いや子どもたちの叫びが届いてくれたらこんなに嬉しいことはない。一刻も早く子どもたちの心を知ってください、子どもたちの話をすべて聞き届けてください、大人だけで子どもたちに関わるすべての事を決めないでください。子どもたちのすべての事を子どもたち自身に決めさせてください。

大人は一切、口出し、手出ししてはいけない。子どもたちだけでこの世を動かしたら必ず世界は平和になる。子どもたちにすべてを任せるしかない、それしか大人にできることはない。

断言する、もう金稼ぎをすべてやめよう、金稼ぎのために地球の有限な資源を枯渇させてはならないよ。動物や多くの生き物たちを絶滅させてはならないよ、人間にそんな権利はない、絶対にやってはいけないことだ。

金稼ぎのために紛争や戦争が終わらないのは当然のことと言える、そうだろう、すべての悪の元凶が金稼ぎにあるのだ。そのために人間同士が争い、戦争に発展してしまうのだ。大人はどうしても金稼ぎのことしか考えなくなるのだ、そういう動物だ。子どもにはそういう考えはない、子どもの心は純粋で前向きで自然を大切にすれば自分たちも必ず守られることを知っている動物なんだよ。

子どもは丸ごと善の本能を備えている唯一の生き物だからだ。大人になるとその本能が少しずつ小さくなる、だから人間界には子どもという宝が必要なんだよ。人類を地獄の底から救い出してくれる存在なのだよ、さあ、大人たちよ目覚めよ、子どもたちにすべてを任せる時がやってきたんだ、強い生命力をもっている子どもたちに任せるんだ。大人はじっと子どもたちのやることを見ていたまえ、きっとすごいことをやり遂げてくれるよ、子どもたちを信じるしかないんだ、その時が今だ。

性犯罪を根絶するにも、金稼ぎをやめるにも、地球温暖化を阻止するにも、コロナウイルスをやっつけて終息させるのも、すべての地獄の門を塞ぐには子どもたちの能力が必要なのだ。なんとしても子どもたちを自由にしてすべての子どもたちの話をしっかりと聞き、どうすればこの悪夢に立ち向かっていけるのか教えてもらおうではないか。子どもたちは必ず教えてくれるよ。その教えに従って子どもたちを先頭に大人たちが協力してあげればすべてがうまくいく、やってみよう、そうしよう、今すぐだ。

さあ、考えている暇はないよ、急がないとラストチャンスは逃げてしまうよ、もう待ったなしなんだよ今の世の中は。急げ、急げ、急ぐんだ、そうしないとこの世に無限大に性犯罪者を生み出し続けていくことになるよ。くだらない勉強ばかりさせられた子どもたちの行き着く場所は、性犯罪という中毒に犯された大人になる領域だ。一度性犯罪を犯すと死ぬまでやり続けなければ気がすまない動物になってしまうよ。恐ろしいことだ、そんなことになれば不幸な人たちをどんどん増大させていくしかないんだ、本当の地獄の始まりだ。なんとしてもこのことを防いでいくしかない、それには子どもたちの無限大の善の心が必要だ。

素人の私が書いた本など誰も読んでくれないかもしれない。でも一人でも読んでくださるならば、必ずや私の心をわかっていただけると信じている、いや、そうなることをなんとしても成しとげなければ、苦しむ子どもたちを助けることはできない。私は今すぐに大人たちに今の子どもたちの悲痛な叫びを知ってもらいたいだけだ。なんとしてもこのことは大人たちにわかってもらうしかない。

そして子どもたちの話に耳を傾けて子どもたちにこの地球を助けてもらいたい、それが子どもたちに与えられたミッションなのだ。そのことを実現するために子どもたちはこの地球にやってきてくれたんだ。

なんとありがたいことだろうか、世界を変えることができるのは子どもたちだけだ。子どもたちの純粋な心、前向きな心、無限大の知恵、それを生かしてもらい、大人たちを、そしてすべての生き物たちを救ってもらいたい、大自然を蘇らせてもらいたい、そのチカラが子どもたちだけに備わっているから、なんとしてもこの事を大人たちにわかってもらうしかないんだ。性犯罪やすべての犯罪を根絶する方法は子どもたちだけが知っている。

子どもたちは不思議な生き物だ、人間の子どもの時期は短い。しかし貴重な輝きに満ちている、ダイヤモンドよりもすごい価値だ、そのような赤ちゃんや子どもたちを大切に育み、二才になったら無農薬の農業をやってもらうことが生きる基本だ。土を大切にして地に生きることがすべての生き物の輝ける場所なのだ。

水は井戸を掘り、地の恵みをいただく。井戸から水が出なければ用水路を造る。その水で人間は喉を潤し、種を植えて作物を作り、それを食べ、体と心に滋養を与えて生きていけるのだ。

その単純な行いだけでいいのだ、そのことを忘れてしまった大人たち、子どもたちよ、頼む、この堕落してしまった大人たちを救ってくれたまえ、見捨てずにいてくれ給え、大人たちを救うことができるのは子どもたちだけだ。大人は子どもたちに頼むしか手だては何もないのだから、子どもたちがいてくれたお陰で何とかなりそうだ。ありがたいことだ、危機一髪の所を子どもたちが救ってくれる。大人たちよ、子どもたちの知恵を拝聴しようではないか、それこそ一大革命が起きるんだよ。

楽しみだ、こんな楽しみなことが他にあるだろうか、不思議な事が起きるんだ、大自然の復活だ。子どもたちには本能的に人間の進むべき安全の方向、幸せの方向がわかるんだ、その能力が赤ちゃんや子どもだけには備わっているんだ。大人になるとその能力が失せてしまう、だから子どもたちが存在しているんだ。

人間は不思議なことに守られるようにできている、その守り手こそ子どもたちなんだよ、すごい存在なんだ、ありがたいことなんだ、すばらしいことなんだ。子どもたちに元気に幸せになって貰うことが大人が守られる唯一の方法だ。子どもたちが苦しむ世界は間違っている、子どもたちを教育するななど言う大人の身勝手な考えは間違っている、完全に間違っているのだ、子どもたちは大人の指図を受けなくても何でも自分たちでできる存在なのだ。大人は子どもたちがやり易いように子どもたちから聞かれたことだけを答えればよいだけだ。

私は何のために生まれてきたのか、それはきっとこの文章を書くためだ、もっと早くに気づいて書いていたら、もっと早くに子どもたちの苦しみに気づいていたら、自殺していく子どもたちを救うことができたのにと思うと悲しくて、つらくて胸がはりさけそうになる。そしてこの私が体験している性犯罪のつらい気持ちもなんとしても誰かに伝えていかなければならないと思った。

それが私がこの世に生を受けた理由なのだと悟った。そう感じることができたのも、このどうしようもない性犯罪の苦しみを受けたからだ。苦しみを受けてよかったと言える、辛いからこそ真実がわかったんだ。この私の思いを何としても形に残さなければならないんだ、それこそが私のやるべき仕事だ、そして本の二冊目の出版を決意した。一冊目は紙本だけではなく電子書籍にもなっている。二冊目も同じだ、一人でも多くの人にぜひ読んでいただきたい、それしか世の中の人に伝える手段を私は持っていないからだ。

文章力のない、まったくのズブの素人の私が書いた本は笑われるだけかもしれないし、ご批判も受けるだろう。それでもいい、読んでいただくことが目的だからだ、読んでいただければ必ず私の思いは伝わると信じている。

苦しむ子どもたちを見捨てる訳にはいかない、断じてそうさせないよ、必ず子どもたちを助けてみせる、それが私の心だからだ。

今まで多くの赤ちゃんや子どもたちが悪の手によって、その尊い何よりも尊い命をいとも簡単に奪われ、犠牲にされたのだ。絶対に許してはならない。そいつらを地獄にたたき落としてやる、私が手を下さなくても天は許さないよ、恐ろしい天罰が下ることだろう。これ以上、一人も赤ちゃんや子どもたちが殺されないように、自殺をさせないようにするんだ。子どもたちよ、頼む、なんとか心ある大人たち、その善良な大人たちと手を組んで、これからの世の中をどうしたら少しずつ良い方向に前進させていけるか道しるべを指し示してほしい。

大自然を取り戻す術を教えてください。子どもたちにはすごい勇気もある、そして何よりもすごく大きな慈愛の心がある。この世の腐敗しきった体制を変えてくれる、必ずこのことを実現させてくれるよ、私には目に見えるよ。子どもたちの広い心を感じて涙が出るよ、大人たちからさんざん傷めつけられてきた子どもたちだけど、決して大人たちを裏切ることはないだろう、子どもとはそのように広大な心をもつ生き物だからだ。なんと美しい姿だろう、子どもたちの姿は明るく、心からの笑い声であふれ、美しい声と輝きに満ちた目とどんな音も聞き分ける耳と、温かい言葉で話す声をもっている唯一無二の命なのだ。

大人は何も子どもたちの事を知らないのだ、大人たちが子ども時代を生きていたことを完全に忘れてしまったかのような行動をしていく生き物に成り下がってしまったのだ。悲しいけれどほとんどの大人がそうなってしまった、本当に残念でならない。

大変な惨事を招いてしまった有名なチェルノブイリ原発事故の話になるが、この事故は当初人間が事故の兆候を察知していたにもかかわらず、検査器に異常が見られなかったために人間たちは大丈夫だと誤認してしまった。そのために原発事故は起きてしまった。なぜ人間たちが気づいた時にまず確認の作業をしなかったのだろうか、それはいつしか人間たちが自分たちの五感よりも機械の検査結果を信じたゆえに、大きな間違いを犯してしまったからだ。

人間の五感よりもすぐれた能力などどこにも存在しないのだ。特に子どもたちの五感は最大最高のものなのだ。所詮、人間の作り出した機械などに最大の危機を感知させるなど、無謀な行いと言える。なぜ機械なんかに頼ってしまったのか、私には理解ができないよ。生き物たちに本来的に備わっている能力こそ最大に信頼されるべきものなのだ、その能力を使うしか人間自身を守る術は他には何もないよ。大人たちにはそれがわからなくなってしまったんだ、機械に頼ることしかしなくなってしまったことで大きな惨劇に直面することになって、どうすることもできないでいる大人たち、そのために大切な宝の子どもたちを死に追いやり、苦しみの底に沈めてしまった罪は絶大だ。

人間も動物だ、本来すごい能力をもって生まれてきている、その能力を鍛えることしかやってはいけないんだ。機械なんかに頼り続けると、人間に備わったそのすごい能力が失われることになるんだ。生き続けるためには動物たち、生き物たちすべてに人間は見習って本能を鍛え抜くしかない。そのためには子どもたちの知恵と能力がどうしても必要だ、子どもたちが大人たちをしっかりと導いてくれる。安心して大人はついていけばいい、そのことを大人たちは理解するしかない。機械に頼ると、どんどん単調な生活になっていく、どんどんゴミを増やすばかりだ、ゴミという無駄なものを出してはいけないんだ。

大自然界にはゴミなどというものはないよ、存在していない、すべてのゴミは人間が作り出しているものだ。本来生き物にはゴミなんて無縁のものなんだ。そのゴミを出し続けている人間はいずれ自分たちがゴミになっていく宿命だ、考えればわかることだ、作ってはいけない物を人間は作り続けている、それも大量に。いずれゴミに囲まれてニッチもサッチも動けなくなるだろう、そしてそれを宇宙に捨てていくんだ。

宇宙すらも人間は犯し続けるんだ、大人の人間とは本当に悲しい生き物だよ。大人たちよ、子どもたちにその行いをさせてはいけない、絶対だ、子どもたちだけは自由の身にさせてあげなければならない、その時がやっときたんだ。これ以上この地球を大人たちの勝手にさせないために、天命が下ったのだ。コロナウイルスは子どもたちにチャンスを与えてくれたと思うことができる。やっと与えられたこの最大のチャンスを生かすために大人たちは子どもたちが活躍できるようにしてあげるだけでいいんだ。まだ地球を救うチャンスは与えられている、今しかない、それを大人たちよ早く悟ってくれたまえ。

認知症もあらゆる病気も、精神病など多くの人間が抱える病はことごとく、この機械に頼った生活から生まれてきている。生き物の体は動かし続けることでしか健康は保てないようにできている。それを人間の作り出してしまった機械に頼ることでほとんど体を動かさなくても済む。そもそもの原因がわかっているのに改めようともせず、対症療法的な策ばかりいくら講じても、何の解決にもならない。そのことがわからなくなってしまった大人たちなのだ。いじめられる子どもたちは、ひきこもることでしか自分の心身の安全を守ることができないことがわかっているから、ひきこもりになるのだ。苦しめているのは大人たちなのに、ひきこもっている人間が一方的に悪いとか問題があるとか考えているようだが、それは大きな間違いだ。ことごとく大人の問題行動が引き起こしていることだ。

子どもたちには何の関係もないことなのに、いじめられる方にも原因があるとか、いじめる子が悪いとか勝手なことばかり言っている大人たちよ、オマエたちは本当にバカだと言うしかない。自分も含めて大人の無能の成せる業なのだよ。子どもたちを一刻も早く解き放ち、自由を与えるのだ、そして子どもたちに考えてもらい、その答えを聞こう。

子どもたちに教えてもらうしかすべての難問を解決する術はないよ、ただ一つだけ大人が教えられるものがある。それは、今回は秘密にしておく、とてつもない重大な事なのだ、そのことを知っている人間は世界中に多くいる事も今回書いておく。

コロナ禍になり、目に見えないウイルスたちに人間は常に脅かされている。ウイルスたちから戦いを挑まれているのだ、勝つしかない、勝たなければならない、そうしなければ人類は生き残れない、戦争なんかやっている場合じゃないよ。

金稼ぎに翻弄されている時じゃないんだ、なんとしても目に見えないウイルスに勝つためには子どもたちの知恵が必要なんだ。子どもたちこそ解決の糸口を知っているんだ、人間が大自然を破壊し続けたために、あらゆることが負の連鎖となり人間を苦しめている。

しかし子どもたちだけはその大惨事をとどめることができる秘術を知っている、大自然に残されたわずかな力が子どもたちに協力して人類を救ってくれる。大自然の底力と子どもたちのとてつもない能力が奇跡を呼び起こしてくれるんだ。子どもたちに大人の教育という名の無意味なくだらない事に、何よりも大切な子ども時代の膨大な時間を過ごさせてはならない。コロナという恐ろしいウイルスに立ち向かうことができる知恵を持っているのは子どもたちだけだ、その子どもたちにどうしたらいいか聞いてみようじゃないか。難問を解決するにはそれしかない。

ニュースで鳥インフルエンザや家畜伝染病などで、多くの動物たちを殺処分するというのが報じられている。私はそれを聞くたびに動物の飼い方に問題が多くあるものと思っている。本来、動物は野生で生きていくものであるのに、わざわざ数を増やし続けることで無理な飼い方になってしまっている。当然、自然のあり方に反する行為だから病気が出るのは必然だ。そこに気づかないバカな大人たち、家畜を飼うことは少ない数なら許されるかもしれないが、多くの家畜をいっぺんに狭い所で飼うことで病気が必ず発生する。

家畜も人間と同じ生き物だ、大自然の中で毎日体を動かし、腹が空けば食べるという自然の生き方があって、始めて正常に健康に生きていけるのだ。狭い場所で食べ物だけを与えて育てること自体が間違っている。多くの人間の腹を満たすためには仕方がないと言うだろう、そして肉からたんぱく質を摂る必要があるとも言うだろう、本当にそうだろうか。古来、日本人は肉を食べなくても良質なたんぱく質を摂れるように工夫をしてきたはずだ。畑で大豆を育てて豆腐を作り、大豆でみそを作り、納豆も作れるようになった。植物から栄養を摂り、自然の恵みに感謝してきた、それで良かった。

日本人は体は細いが、そういう食事で健康になれた。私は日本人が食している物の中で味噌汁は最高の食べ物だと思っている。日本人の英知の結晶だ、野菜も摂れて、味噌という最高の発酵物も摂れて、豆腐という最高の人間の作り出したものが入ればもう無敵の食べ物だ。そして田んぼで取れたお米を炊いたご飯に納豆がのっかれば、もう大満足の食事と言える。今の日本人が忘れかけようとしている食事だ。

肉が必要だろうか、多くの動物たちの命を奪う権利は人間にはないよ、無理な飼い方が自然にも影響している。無理な行為は地球を破壊する行為に結びつく、大自然に反することは絶対にやってはいけないんだ。金稼ぎのためにやることはすべて大自然に反する行為と言える、子どもたちにはそういう考えは微塵もないよ。ただただ大自然の中で自分たちが最低限生きるための行為しかしないことを心得ているからだ。純粋な心を持っているのは子どもたちだけだ、そのことを一刻も早く大人たちは知る必要に迫られている、もう待ったなしだ。

苦しむ子どもをこれ以上増やしてはいけないよ、許されないよ。

私は自分が感動した時に一歩前へ進む行動を起こすようにしている。その一番の感動はいつも子どもたちの言動によるものだ。子どもたちを見ているととてもおもしろく、楽しく元気にさせてもらえるからだ。とても不思議な生き物だと思い、いつまでも子どもたちと一緒にいたいと願い続けている。私の中に子どもたちが宝の輝きを送り続けてくれる。なんてありがたい、これ程ありがたいことが他にあるだろうか、辛い苦しい事があろうとも明るい子どもたちの言動を見ているだけで心が晴れる。子どもたちの笑顔が輝く世の中に大人はしなくてはならない義務があるのだ。子どもたちは大人たちを元気に笑顔にするために、この地球へわざわざやってきてくれたんだよ、どうしようもない大人たちを立ち直らせるためだよ。

ここまで悪くなってしまった世の中を立て直すことは不可能に近い。それでもがんばって人間だけではなく、すべての生き物が生き生きと暮らすにはどうしたらいいか考えなければならない。

なんとしても子どもたちの高い能力に期待してがんばってもらうしかない。子どもたちがキーマンであり、ハートのエースなんだ、最後の切り札だ。子どもたちにすべての問題点を聞いてもらい、考えてもらい、どうしたらいいか教えてもらおう。

私の結論はこのことに尽きる。同じことを書き続けるよ、私は親と死別したり、虐待や育児放棄されたりして親から離れた子どもたちを育てたいと思い、里親制度のあることを知っていたので福祉の部署へ電話したことがある。結論は駄目だった。私は一人暮らしで市から委任された子どもに関わる仕事をしたこともないのでお断りされた。よく考えたらやはり私には荷が重すぎた。それよりもこれから先、何か子どもたちを元気づけることを自分なりに考え、行動してみようと思った。

そこでまず本を書くこと、出版することを考えた。しかしいつも思うことだが、一人でいいから赤ちゃんの時からでもいいので、自分に子どもがいなければ養子を迎えて一緒に暮らしていけたらいいと今でも思っている。血縁のない子を育てることは大変な苦労があるだろう、それでも子どもと関わることは、自分の成長にとってとても必要なことと思っている。人はいくつになっても成長しなければならないとも思う。定年を迎えたから、高齢になったから、今後の人生は楽しく旅行でもして、趣味でもがんばろうかなどと思う人は多いだろう。
しかし私は旅行も趣味も興味がない、私は私にできる何か、子どもたちと関わることをやり続けたい。もちろん大変さはあるだろう、疲れ果てて死ぬかもしれない、それでもいいじゃないか。子どもたちを笑顔にすることができるのなら、私自身が真の生きがいを感じるはずだ。ただ日々を楽しむだけの人生で終わらせたくない、そのように厳しく生きている大人は多いかもしれない。

子どもへのあらゆるいじめ、虐待、性犯罪、こんな恐ろしい世の中を作り出したのは誰でもない、大人たちなんだよ。犯罪も戦争の本質と何ら変わりはない、お互いを傷つけあっていることに変わりはない。

その大きな原因はどこにあるのか、大人社会になってしまったことにある。子どもの入る余地がどこにもない社会に大人がしてしまったからだ。それこそが原因だ。それを変えるには一刻も早く教育大改革を断行しなければならない。いや、今の教育をすべてゼロにしなければならない、今すぐだ。大人たちよ、心があるならば、このことを必ず実行してくれたまえ、それが子どもたちが幸福になることだ。子どもたちには必ず幸福になってもらわなければならない。なんとしても子どもたちだけは救わないと世界の未来はない。断言しておく、大人たちが現在の状況を根底から変えることは難しい。

そこで子どもたちに登場してもらう必要がある。大人は覚悟をもってすべてを子どもたちに難問解決を託していくしかない。それが一番早い解決方法だ。ぜひ子どもたちに任せてみよう、見届けてみようよ、必ず良い結果が出るよ、不思議なことが起こる、大人たちはアゼンとなる。子どもたちのあまりにも見事なやり方、考え方に驚くことだろう。子どもとはなんて能力の高い生き物なのかと驚嘆すること間違いなしだ、そして大人たちは悟る。そうか子どもたちに任せれば良かったんだということを。やっとなんとかなる時がやってきたよ、さぁ、ぐずぐずしてはいられないよ、思ったら吉日だ、すぐ実行だ。良かった、良かった、やっと安心できるんだ。

子どもたちに全部任せるんだよ、全部だ。大人は少しでも手出し、口出ししてはいけないよ、元のモクアミになるよ、いいか大人はそこの所を心していくことが大切だ。大人たちだけで作った社会は、性犯罪者や麻薬をやる者を生み出してしまったんだ。一度でもその犯罪に手を染めると再犯を繰り返すようになる、恐ろしい犯罪だ。

また、夜中に目が覚めてしまい、眠れないのでこの原稿を書き進めている。なんてありがたいことだろう、自分の考えが無駄に消えていくことがなくなり書き残すことができるんだ、私の遺言だ、書くという行為は私の頭の中を、そして心の中を整理して少しずつ心も体も落ち着かせることになるんだ。日記を書くぐらいはしてきたが、改めて文章を書くなど思ってもみなかった。自分でも素直に書くことができる、思いきって書いて良かったと今思えることが幸福だ。こんな苦しい状況にあっても幸せを感じることはできるんだよ、子どもたちのお陰なんだ。私に書くことを与えてくれたんだ、子どもたちはもっともっと幸福になれるんだ、どんな暗黒の世界にも灯をともし続けてくれる子どもたちなんだ、最高にありがたい存在だ。

金稼ぎのための道具や、建物や、その他のいろいろな物はすべて作る必要がないんだ。人間が生きていくうえで最低限度の物があれば充分なんだよ。見栄を張る必要もない、みんなが平等であるべきだ。金持ちにも貧乏にもならなくていいんだ、質素な暮らしが大切だ、自分で食べる物を自分で作り続けていけばそれでいいんだ。そうすることが必要なんだよ、大人の濁りきった考えを正し、子どもの純粋な考えを尊重してゆくならば、必ずやこの世界が誰にとっても心の安心を得られる住処となるだろう、そのことが一番求められている時は今だ、すぐ実行だ、もう待ったなしの状況だ。

社会の中心に子どもを据えて、子どもたちが主導していく、そういう世の中になること、そういう世の中に大人がすること、それしかこの世界のすべての困難を解決する道は他にはない。そのことを大人が自覚して、速やかに実行していけば人間が生きる意味が見えてくる。子どもたちの存在の意義がわかるはずだ、子どもありて大人は生きることができるんだ。子どもという偉大な存在なくして大人はまともに生きることなんてできない。大人が子どもを亡くすことは、大人が幸福の方向へ進むことができなくなるんだよ。それは単に自分の子どもが死ぬということではないよ、そして子どものいない人が不幸になるという意味でもない。すべての大人の上にすべての子どもがいてくれるということだ。

子どもは大人の安心の灯台なんだよ、人間の子どもは生き物たちすべての道しるべなんだ。その子どもの尊大な魂の偉大さは計り知れない、何をもってしても替えることのできない魂なんだ。子どもが自由に自分の行動を決めていくことができれば、この安心の灯台は永遠に消えることはない。子どもは一人も漏れなく障害があろうがなかろうが偉大であるのだ。このことがわかれば大人は子どもを虐待することも、殺すこともできなくなる。子どもを害することは許されないということになる、それが私の結論だ。子どもたちを全面的に信じて、子どもたちの行動を見守ろうではないか、大人たちよ、子どもたちと大自然をもう一度じっくりと見つめてみようじゃないか。バカな大人の行いを振り返り大反省して、子どもたちが世界の中心で大活躍する時代を始めようじゃないか。

子どもたちにすべての主導権を譲ろうじゃないか、大丈夫だ、必ず子どもたちは腐りきった世界を、瀕死の地球を救ってくれるよ。なんてありがたいことだろう、やっと希望の朝を迎えることができるんだ。今までと同じ朝じゃなくなるんだよ。子どもたちにとっても大人たちにとってもやっと荘厳な朝日を、太陽を拝める時がやって来るんだ。お祝いの万歳をしよう、大人たち、特に政治家たちよ、決して忘れないでくれ、すぐ実行だ、それだけだ。

いじめだけではない性犯罪の恐ろしさを知っている人は、おそらく大勢いるだろう。女性だけではない、子どもたちもやられている、私は現在進行形だ。犯人は武器をもっている、それは電波を出す物だ、それを毎日、毎秒使い、電波で相手の下半身に攻撃をしてくる。どうするのか、電波を小刻みに揺らして下腹部を震動させて、相手の様子を見ながら犯人の一物をしごいて、激しく揺らせて性欲を満足させているのだ。おそらく二十四時間、どこへ相手がいても攻撃が可能だ。

私が外食でレストランに行くと後をつけてきて、私の座った位置を確認している。わかったところで、下腹部へ電波攻撃するのだ。私は座っている間中、食事中も下腹部が揺らされる、小刻みに揺れるので、よく見ないと他人にはおそらくわからないだろう。私はすでにこの十年以上も被害にあっているのだ。

私が夜、寝ている時にやられていることに気づいて、なぜ、犯人の顔を見れないのかとの質問を受けるだろう。友人の意見によれば一時的に意識をなくすような何かを鼻にかがせているのではないかと言ってくれた。私はこの犯罪に対して自分が応じることは決してない、悪を見抜き許さないという思いが強いからだ。この世の中からすべての犯罪を撲滅したいと願っている、絶対に許してはいけない、その気持ちを十年以上持ち続けている。いつか犯人には早急に死んでもらうしかないとも思っている。だからといって私が殺すことは考えない。必ず天罰が下り、犯人は大変な地獄を見ることになる、そういう運命になる、悪い事をすれば当然にその報いを受けることになる、人間界のルールだし、方程式だ、人間はそのように造られている。

一度性犯罪にあうと、おそらく逃れることは難しいだろう。

一番かわいそうなのは子どもだ。ご存知だろうが親からやられるケースも多いらしい。恐ろしいことだ、コロナで体を動かすことが少なくなっているので、よけいにストレスや性欲がたまっていて犯罪になるのだろう。一度、性犯罪をはじめた犯人はもう二十四時間、そのことしか考えられなくなり気が狂ってしまうのだ。そうなると、どうすることもできなくなる。手がつけられない、性犯罪ロボットのできあがりだ。死ぬまでやり続けなければ気がすまなくなり、ついには悪魔のできあがりだ。

そういう輩が今とても増え続けている、どれだけ恐ろしい世の中になっているかわかるだろう。コロナウイルスと一緒だ、目に見えない相手が自分のまわりでダニのように増え続けているのだ。考えただけで自殺したくなる。しかし産まれてきた以上はそいつらと戦うしかない、私もそうだが、私以外でも多数の人が餌食になっているはずだ。電波攻撃をやられるとどうなるか、身体の揺れが常にあるので普通に歩けなくなる、ふらつくので危ないから杖をつかないといけない。私はついにこの二年以上杖なしでは、歩けなくなった、足が悪い訳ではない、ふらつきがいつでもおきるからだ。

そして陰部を触られ膣炎になり、ペーパーをそろりと当てるだけですごい痛みが走る、真っ赤に腫れて炎症がおきた。当然のことながらバイ菌が入るので膀胱炎になる。薬を飲んだ時はその後一週間くらい炎症は治まるが、薬をやめると又すぐに炎症が始まり、私の場合は出血が目に見えておきた。ポタポタ血がたれて、しばらくの間ナプキンを当てないと下着が汚れるようになった。それが何回も続いた。陰部の痒みもある、おりものはいまだ十年以上続いている。

私は六十五才をとっくに過ぎている年齢だ。そして検査の結果、緑膿菌が検出され、陰部にこぶができた。そして手の平は毎日こすられて赤く腫れて、そのうち痒くなり痛みが出るようになり指に水疱ができた。今、なんとか薬で治まってきたが、ピリピリの痛みと痒みはまだ毎日起きている。特に手の親指とひとさし指の間の腱の所は常に痒くて、赤く腫れて痛みがある。手指の関節も痛む。

そして唇には小さな切れたような傷があちこちにできて赤くなり、痛みがあり、ぬるめのお茶を飲んでもしみる。仕方がないからいったん冷まして飲むしかない。舌も同じだ、痛みと赤みがあり痛い、唇は毎日炎症が起きる。春・夏・秋・冬の季節に関係なく痛みが出る。そのうえ、外陰部の陰毛が毎日少しずつ抜かれている。まん中の部分を抜かれて毛がない状態だ。抜かれるとそこからバイ菌が入って痒くなり、小さく赤く腫れるので毎朝消毒しているがいたちごっこだ。陰部の脇の太もものところの股関節のところも、精きた。

液を塗られるので痒みと痛みが出て、手の平と同じに赤い発疹がいっぱいで

　乳房のところも小さな赤いブツブツができて痒みから痛みに変わり、脇も痛くなってきて乳ガンになっているかもしれない状態だ。そして顔も同じだ。精液を塗られていて口の周りと口の中はマスクをするとわかるが、精液の臭いがする。左頬から耳のまわりと首のところも痒みが出て、皮膚がガサガサになって赤くなった。

　毎日電波がほぼ二十四時間くるのでぐっすりと眠れない。リンパ腺も腫れる。体重も一〇kg以上減った。顔の痒みから目やにもすごい、薬をつけても気休めにしかならない。朝起きると目の回りが目やにですごくなっている。顔も腫れる、むくむ、水で流すけどその時は一応きれいになったのか、時間がたつと目やにが結構出てくる。首の回りは朝から痒いので消毒綿で拭き取ってみると黄色い汚れがついてくる、臭いは精液の臭いがする。

　足も同じだ、くつ下を履いて寝ても脱がされている。そして足の裏が異常にベタつく、紙がくっついて離れないくらいだ。前日に風呂で足も洗ってい

るのにすごいのだ、手も朝にはベタベタになっていて石けんで洗っても落ちない。仕方ないので毎日、手袋をはめなければ物を持てない。

私が触る所はすべて精液をつけられている、仕方がないので水道の蛇口の取っ手や玄関、下駄箱の取っ手なども、すべて布を巻いている。そうするとベタつかない。でも黄色く汚れている、臭いもする。

そして、自宅の風呂を犯人に使われていることがわかった。夏のある日、浴槽の排水口に長い髪の毛がつまっているのを発見。私は夏の間は髪を坊主にしているのでなんだろうと思い考えた。そうか犯人の髪だ、風呂も使われていると思った。仕方なくその日にガス会社へ電話をしてガスを止めてもらった。

さあ、不自由な生活の始まりだ。料理もできず、お湯を沸かすこともももちろんだが、風呂に入ることができなくなった。食事は弁当やパンなど買ってくる。お湯はコップに水を入れて電子レンジでチンしてお茶を飲む。冬場は毎日下着を替えるくらいで一週間に一回銭湯に行けばいい。だが夏は汗をかくので仕方なくタオルで体を水拭きすることにした。タオルに石けんをつけてまず体を拭いて、二回目はタオルを洗って水拭きで体を拭く、そうするしかない。家にいながらホームレスのような生活をしている私だ。

もういろいろな常識すらも捨て去らないと生きていけない、異常な状態の中で子どもたちも私も生きている。大切なものをすべてそぎおとされて生きているんだ、ギリギリの中で生きているんだ、こんな一見豊かそうに見える世の中で、なんというすさんだ生活なのだろうか、やり場のない怒りがこみ上げてくるよ。

警察にも相談したが電波のことを話したとたんに心療内科へ行ってくれと言われて、そういう女性の相談が増えているとも言った。残念ながら警察には世間で起きている電波攻撃のことはまだ知られていない。多くの被害者たちのSOSはどこにも届かないのだ、私はセキュリティーも防犯カメラも室内に設置しているが、カメラのモニター画面には犯人の姿どころか何も私以外は写っていないのだ。

しかし、唇の揺れや顔のけいれんはモニターに写っている。そんなことがあるのか、カメラの製造会社に聞いても、「それは室内に犯人がいない証拠だ」と言われた。セキュリティーの会社も同じことを言った。防犯カメラも当てにならない。

誰かこの問題の答えを知っている人はいないのだろうか、または調べてくださる人はいないのだろうか、なんとかならないのか。

もうどこにも相談すらもできない世の中になってしまっている、こんなに便利で科学の進んだ世の中なのに、かんじんな被害者のSOSはどこにも誰にも届かず、刻一刻と犯罪者は増え続けて被害者も増大していく世の中になった。本当に恐ろしい世の中になってしまったのだ、何が原因か、何が悪の根源か元凶か。

それは世界中の子どもへの教育が悪いのだ、くだらない教育ばかりして子どもを学校や保育園、幼稚園に閉じ込めている。本来なら子どもたちは大自然の中で駆けずり回って、いろいろな体験をしながら世の中のことを体で覚えていく生き物なのだ。

机に向かってできることなど少ししかない、すべては体験からしか真実は学べない。そのことを大人たちはとっくの昔に忘れてしまったんだ、とても残念なことだ。悪い教育の足カセで子どもたちの自由と優れた能力をことごとく奪い去っているのだ。その結果が、恐ろしい性犯罪者を生み出す元凶になっている。私が受けている苦しみを私は決して無駄にはしない、この文章を私は命がけで書いている、なんとしても子どもたちを救うためだ、多くの女性たちを救うためだ、大人たちにはわかってもらうしかない。

性犯罪の話はもういいよと言う読者の方には、いずれあなたも被害者になる可能性があると言っておく。なぜなら今の時代、年齢とか女性とか男性とか大人とか子どもとか一切関係なく受ける被害になってしまったからだ。性犯罪を犯す悪魔がどんどん増えている。大きな原因はＣＤ、ＤＶＤなどのポルノ系の映像の普及だ。いつでも誰でも安価で借りることもできる、性犯罪者をたくさん早急に育てて生み出す最悪の物だ。こういう悪の根源をなぜ野放しにして売ることを許しているのか私にはわからない、こんなものこそこの世にいらないものだ。

表現の自由とはいったい何なのだろうか、その自由のもとに人間性を破壊する考えが横行している。そこに危険な思想がある。

今、私の中で体も心も戦っている、目に見えないコロナじゃない、目に見えない性犯罪者と戦っている。必ずこの戦いに勝利してみせるよ、私が負けることは私の人生そのものの敗北になる、そんな事は絶対にさせない。

性犯罪にあっている人たちよ、心だけは気持ちだけは負けてはならないよ、必ず勝利する日が来ることを信じるんだ。信じて信じ抜くんだ、必ず希望はある、あらゆる信じられそうな人たちに訴えていくんだ、助けを求めるんだ、何万回でも多くの人たちに性犯罪者のことを話し続けるんだ、公的機関に訴えるんだ、じっとガマンしていてはダメだ、どんどんいろいろＮＰＯ法人や市役所やありとあらゆる助けてもらえそうな人たちに訴え続けるんだ。話をするんだ、黙っていては何も始まらない、人間には人に伝える能力が与えられている。最後の叫びを上げ続けろ、それしか助かる道はない、きっと必ず誰かの耳に届く日はやってくるよ、それを信じるんだ、毎日毎日いろんな人に話し続けるんだ。歩いていけばいい、お金はいらない、歩き続けるんだ、私もそうする。

この本を出版する最大の目的は、子どもたちへの教育をすべて変えることと性犯罪をこの世から撲滅すること、そして金稼ぎをやめてすべての人の働き方も変えることだ。多くの人たちが農業をやらなくなって犯罪が増えているんだ、その根本のことを理解しなければ犯罪はなくならない。代々受け継いできた畑や田んぼを失うことは子どもたちが生きがいを失うことになる、そのことはとても重大な過ちだ。大人たちよ目覚めよ、赤ちゃんや小さな子どもたちは家庭で虐待や性犯罪やいじめを受け続けても、それを他人に話すことができない。今の時代はこのことをテレビやラジオ、ネットなどで知る人も多いだろう。

私はこの本を書くことで、その犯罪の原因がどこにあるのかを知ってもらいたかった。なんとしても赤ちゃんや子どもたちを助けたい、この一心で私は日々書き続けてきた。つたない素人の文章ではあるけれども、私の考えが読んでくださる人たちに伝わって、その人たちが行動を起こしてくださることを願っている。そうなるように祈り続けるしかない。パソコンなどのサイバー攻撃は便利な機械を造り続けた結果によって新たな犯罪を生み出すことになった。便利の裏側には必ずその結果として大切なものを犠牲にしてしまう悪の根が存在している。便利を追求すると大切な人間の心まで蝕むようになり、不用なゴミを増大させることになる。通信技術もそうだ、電話やテレビなどいろいろな便利を人間は喜ぶが、これも犯罪に利用されている。あらゆる発展が人間自身の心と体を蝕み始めている。道理を欠いてしまった便利は人間にはいらないものだ、金を稼ぐためにあらゆるものを犠牲にしていく行為は許されないよ。もう一度原点に戻ってよく考えなければならない。

ここまで悪くなってしまった世の中を立て直すことは不可能に近い。それでもがんばって人間だけではなく、すべての生き物が生き生きと暮らすにはどうしたらいいか考えなければならない。

偉大な命である子どもたちを産む母親の母体の中の子宮、一番大切な部位だ、それを遊びのため、性欲の道具にしてはいけない。性交は神聖な新たな命を宿すための聖業だ、それを性欲を満たすために使うことは許されないよ。女性は性欲の奴隷ではないよ、やってはいけない行為だ、このことは必ず守らなければならない、性交は神聖なる赤ちゃんの命を授かるためにだけ行われるべき事だ。男の性欲を満たすために女性は存在しているなどと、不埒な間違った考えは今すぐに改めなければならない。そのために子宮頸癌や子宮癌、乳癌になる被害にあう女性が続出していると私は思う。

私も毎晩性犯罪をやられ続けている、私の叫びもどこにも届かない、いくら叫んでも泣いてもＳＯＳは消えていく。犯人は増長するばかりだ。深刻な皮膚病にもなり、体の揺れがおさまらずツエを使うようになり、体の痛みと共に心の痛みも始まって、泣くことも許されないような世の中で生きていかねばならない。それでも私は自殺はしないよ、死んでたまるか、この恨みは絶対に晴らしてやる。犯人は必ず逮捕されて死亡することを確信している、そのように祈っている、その願いが叶う日まで悪と戦うことを決意している。正義は必ず勝つ、この世のルールだ、だからそれを信じて生き抜いてやる。このままおめおめ死んでたまるか、そうだろう、私の願いが叶わず死ぬなんてバカなことはない。必ず正義は勝つ、勝ってみせる、それを生きがいにする、私の苦しみを無駄にしない、子どもたちの苦しみも無駄にしない、絶対だ。警察もセキュリティーもあてにはならない、必ず善の心を持つ大人に伝えてやる、そうしなければならない、そうすることが私の義務だ、権利だ、がんばるぞ。

許されない行為を今すぐ止めなければならない。身勝手な誤った行為は女性を不幸にするだけでなく、産まれてくる子どもをも不幸にする。絶対に許されない行為だ、何事も遊び半分でやってはいけない、生きるということは聖業なんだよ、わかりたまえ、大人たちよ。自分たちの欲望を満足させるためにやる行為はすべて聖業に反する大罪だ。今すぐ止めなければならない。

性犯罪者のような人間を日々つくり出している今の世の中はどうなってしまったんだろう。ただ無気力に性犯罪だけを生きる目的としてしまうような人間、いや悪魔のいる社会をどうしてつくってしまったのだろう。

第五章　子どもの働く権利と農業

子どもたちに二才くらいから無農薬の農業をやってもらう必要がある。はるか昔から人類は農業で生きてきたんだ、そのことを子どもたちに教えるべきだ。机上の空論はいらない、生きていく術を身につけさせてあげるべきだ。自分で食べるものは自分で作るという根本のことを教えずして何のための勉強だろうか、本末転倒だ、学校の勉強はいらない、農業は地に根をはり、地から自然の恵みをいただくという生き方だ、それ以外に正しい生き方はないんだ。大樹のごとくに生きるしかないんだよ。

生き物はすべて大自然からの恩恵を受けて生きている、そのように生まれついている、そういう生き方に反する生き方をすると、とんでもないことが起きるんだ、取り返しのつかない事になる。それでいいのか大人たちよ、よく考えてみろよ、そう思わないか、金稼ぎに目がくらみ大切な心がどこかへ忘れ去られている。そのことによって大切な自然はことごとく破壊されつくしてあらゆる生き物の本来の住み家はなくなってしまった。

そのことで地球温暖化が進み、マイクロプラスチックが空気中や海中に入り込み、コロナウイルスをはびこらせ、青空や風、大地、水など生き物にとって一番大切な太陽すらも敵に回すことになったんだよ。大自然がキバをむき始めたんだ、取り返しのつかないことが起き始めたんだ。

さあ、子どもたちの出番だ、いよいよの時に子どもたちの登場だ、申し訳ないが大人たちによって苦しんできた子どもたちにお願いするしかないよ。大人はすべて子どもたちに土下座して謝らなければならないよ、今すぐだ。そして子どもたちに知恵を貸してもらうんだよ、天命の知恵だよ、子どもたちならば、この地球を救うことができる。さあ、子どもたちに働いてもらおう。

私が以前に住んでいた家の近くに大きな平屋の住宅があり、そこには高齢の男性が一人で住んでいた。ある晩の事である。私がその男性の家の前を通り過ぎようとした時、木が燃える臭いがしたのでそちらを見たら、びっくりだ。男性がドラム缶の風呂にゆったりと入り、顔だけ出しているではないか。自宅の土地にブロックを置いて、そこにマキを燃やして大きなドラム缶の風呂から湯気が立ち昇っていた。風流なその光景につい「おじさん、いいねえ」と言ってしまった。おじさんは笑顔だけ向けて、ゆっくりと入っていた。

私は自宅に戻り、ああ、なんていいんだろう、羨ましいなあと思った。一度でいいからあのドラム缶風呂に入ってみたいよ、今の時代では経験できない光景だった。

現代はスイッチひとつ押せば風呂は沸くし、温度も設定できる便利なものだ。でもあのすばらしい露天のドラム缶風呂には適わないよ、星空を仰ぎ見て夜風を感じて大自然を満喫できるのだ。ああ、おじさんの人生はすばらしいなあと思った、人間が取り戻すべきものがこの光景にすべてあるんだと思った。このドラム缶風呂を子どもたちに体験させてあげたい、外で火を燃やしてはいけない、ダイオキシンが発生するからと騒いでいるが、昔はすべてこのような生活をしていたはずだ。それでも今のように空気も汚れてないし、温暖化にもなってなかったのではないだろうか。発展する必要があったのか、人間は間違った方向に進んでしまっていると私は感じる。

ある時、そのおじさんと話をしたことがある。おじさんは二個所の畑を持っていて、毎日その場所で畑仕事を長い間やっているそうだ。自宅の庭にはみかんの木が七本くらい植えられていて、毎年たくさんみかんがなっていたので、一個だけいただいたことがあった。持ち帰って食べたら濃いオレンジ色になっているのに、とても酸っぱくてびっくりした。新鮮なので十日くらい置いてから食べたらよかっただろうと思った。酸っぱいけどなんだか本物のみかんの味と香りがしていたのを覚えている。

おじさんは毎日早起きして庭や畑の草むしりが忙しいとのことだった。とてもがっちりした体格で、健康そのものの人だ。おじさんの家には冷蔵庫がないので、採れた野菜は土に埋めたり干したり、いろいろな工夫をしていると聞いた。ああ、自分もそんな生活がしてみたいなあとつくづく思った。自然と共に生きている感じがとても羨ましかった。このような生活を大昔から人間は続けていたはずだ、いつしか便利の虜になってこんな生活はなくなってしまった。とても残念だ、なんとかこのおじさんのような生活を取り戻せないだろうか、そんな事を私は毎日考えている。すべての事を自力でやっていた時代に戻すことができれば、電気もガスも水道もいらない。単調な繰り返しの生活から人間が解放される、便利に慣れてしまった人間の末路を変えることができる、自然の中で暮らすことは体力、気力が必要だ。そのおかげで成人病も精神病もなくなる。大自然の中でしかすべての生き物は生きられないようにできているからだ。

大地を離れて生きる事は不幸を意味する。エアコンの風しか感じなくなったらオシマイだ。そうなれば人間の行き着く先は決まっている。性犯罪やいじめ、虐待だ。無力感からくるものは不幸だけだ、その事がわかれば人間は正しい方向へ舵をきれる。大人たちよ、わかってくれたまえ、私が言いたいことはそれだけだ。子どもたちになんとしても幸福になってもらわなければならない。そうなるには子どもたちに二才から無農薬の農業に従事してもらう必要がある。それを生活の基本にしてもらうことだ。勉強はその合間に少しだけやれば充分だ、その事もすべて子どもたちに任せればそれでいい。

子どもたちは全員幸福になる権利があるんだ、働く権利があるんだ、農業をやる権利があるんだ。子どもは子どもじゃない、社会の一員だ。世の中を先導する存在だ、世界一の生き物なのだよ。そのことを決して大人たちは忘れてはならない。

子どもは自由であり続けなければならない、それが子どもだ。子どもの動きを誰一人といえども止めてはならない、子どもには働く権利を与えなければならない。それは、農業をする権利を与えなければならない、大きく世の中を変えなければならない。子どもに生きがいを与えなければならない、子どもが農業をすることは世界のあり方を大きく変えるチャンスになるんだ。

金稼ぎを続ける現在の世界の経済は必ず行き詰まる、もうすでにコロナ禍の前から行き詰まっているのだ。それを打破するのは子どもたちの働きだ、子どもが生き生きと農業をすることができれば世界は必ず安定する、やってみよう、子どもたちに聞いて進めてみよう。決して子どもたちの苦しみを無駄にはしない、私の苦しみも無駄にはしない、必ずこの苦しみを世界中の人たちに伝えていく、伝えてみせる。みなさん、わかってください。

若い夫婦が小さな子どもたちと一緒に働けるのが農業だ。子どもたちを働かせてください、農業をやらせてください、生きがいを与えてください、現在の状況は子どもたちが死んでいるのと同じだ。そのことをなんとしても変えなければならないよ、それも今すぐだ。

そして金稼ぎのために地球誕生以来築き上げてきた地球の資源を取り尽くすことは生態系を破壊する行為だ。

人間以外の生き物たちはすべて生態系を守りながら生命維持をしている、決して取り過ぎないようにお互いの種の保存が守られるように行動している。生態系のバランスを崩さないようにそれぞれの本能に従っている。人間以外の生き物から人間を見るならば、人間の恐怖の行動に対してあきれて言葉もないだろう、人間たちの絶滅を願っていることだろう。人間は自分たちの経済を守るために物を作り続け、あげくの果てに一国を守るために核兵器まで作ってしまった。なんという愚かな行為だろうか、人間以外の生き物たちは五感を鍛えあげながら自分たちを守るようにしていて物など必要がない、生き物はすべて余計な物は作らずに生きていかねばならないのだ、生き物のルールだ、生態系を守るためには人間は絶滅するしかないとの結論になってしまう。それを何としても変えなくてはならない、どう変えるのか、子どもたちに任せるしかない、常に新しい発想ができるのは子どもたちだけだからだ。

そして生態系を守るためにも子どもたち、大人たち共に農業をやっていくことが大切になる。農業は食を作り出す大切な行為だ、自然を破壊することなく命を守ることになる農業を子どもたちと共にすぐ始める必要がある。

実のない学校の勉強なんかよりも、大切な何よりも大切な農業を子どもたちにやってもらうことが、子どもたちの命と幸福を守ることになるんだ。さあ、すぐに畑や田んぼで働くことを始めようじゃないか、忙しくなるぞ、子どもは忙しくしていることを好む、働きたいんだ、子どもにとって農業をすることが命を守ることになるんだよ。必要以上に食べることがなくなる、なぜなら金稼ぎのために農業をやるんじゃない、ただ人間が命をつなぐためだけにという目的に変わるからだ。

一人一人が食べるために、幼い子どもから高齢の人までがすべて平等に農業に携わっていけば、人と人が団結して仲良くなり、子どもたちが真に守られ、大自然が守られ、すべての生き物たちが共存していける。地球が守られて幸福を作り出していける、希望も作り出していける、平和も作り出していける、すべては大人たちの心次第だ。子どもたちに大人はすべて従っていくしかない、それこそが生き物たちすべての幸福を生み出すキーワードだ。

生き物とは不可思議だ。ロマンにあふれている、人は常に何かに支えられて生きている、そして支え合って生きている。人間の中でも一番偉大な存在が赤ちゃんや子どもたちなのである。赤ちゃんや幼い子どもほど大人を真に支えている存在なんだということを、大人が認識することが何より最重要なんだ。

そして人間はあらゆる生き物たちに絶えず支えられているということを決して忘れてはいけない。そのことを忘れてしまうことは人間の破滅になる。人間だけを守るような世の中にしてしまったからこそ、コロナという不幸をもたらすウイルスが出現してしまった。ある意味、コロナウイルスを人間自身が呼び寄せたということが言える。いったん呼んでしまったら始末をつけねばならない、戦いは勝つしかない。

しかし大人の能力では戦いに勝つことはできない、どうしても子どもたちの能力が必要だ、子どもたちに任せることは大人の責任をなすりつけることになり、大変に申し訳ないことだが、お願いするしかない。ここはどうしても子どもたちに秘術を教えてもらうしかない、子どもたちは知っている、何でもわかっている、だから任せるんだ、お願いするんだよ。子どもたちにとって迷惑千万だろうが、土下座してお願いしよう。子どもたちよ頼みます、大人たちのやらかした大失敗をなんとかがんばって正してください。子どもたちならきっときっとこの大きな難題に挑み、戦いに勝利することができるよ、なにしろ一刻も早く教育大改革を進めることがすべての前提になる。

そして子どもたちにすぐにでも、無農薬の農業をやってもらえるように準備を進めてほしい。そしていつでも野菜やお米を子どもが自分たちで作り、収穫して料理もして食べられるように、一人も貧困によって食事ができないなどということがないように、すぐに取り掛かってほしい。あちこちに子どもたちだけの農園を確保してあげよう、もちろん農園は無料だ。料理をするのも農園でできるといいな、そしてそこで食べるようになれば、子どもたちの食事が二食はできる（朝食と昼食）、夕食は農園で作って持ち帰るようにすれば親も助かる、親の分も作ってあげたらベストだね。悪天候の予報の時は収穫したものを持ち帰って子どもたちが家庭で料理して食べるといい、その時も親の分も作ってくれるとありがたいだろう、と私が勝手に決めるのはやめた方がいいね、子どもたちに決めてもらおう。

農業は生きるための基本だ、それを小さな子どもから担っていくことは、生きる術を体験することになり、本当の勉強だ。まず学ばなければならないのは農業だ、学校の勉強なんかいらない、農業はすべての人の働き方だ。生きていくためには一番大切な働き方だ。それを失うことは人間がまともに生きられなくなる、間違った生き方になる。それによって心のバランスが崩れる、病気になる。

金稼ぎのための競争社会は必要ない。人間はあらゆることで一番になりたがる、それは必要ない、一番大切なことは生きていくための基本に立ち返ること、農業で生きていくことが人生の基本だ。二才からできる、もっと早くてもいいかもしれない、子どもたちが決めればいい、どんなことも子どもたちだけで決めて行動していけばそれでいい。大人は子どもたちに付き従うだけだ、そのことを必ず守らなければならない、そのことを人間のルールにしなければならない、そうしなければいじめも虐待も性犯罪もなくならない。

大人も子どもも農業をやるしかない、それが一番大切な働きだ。金稼ぎをすべてやめて農業をこの世界の働きの中心に据えていくならば、人間の復興に繋がる、人類の蘇生が起きる、それにより生態系が守られ、すべての生き物の生活圏を守ることになる。なんとしても今すぐに生き方の方向転換をする必要がある、今すぐに金稼ぎを止めるのだ。今まで積み上げてきた事に執着してはならない、その執着心がすべてを破壊してしまう、人間の心を破壊するのだ。そうなればすべてが水の泡になって何もかも無駄になる、そんなバカなことは決してしてはならない。

子どもたちにすべてを任せるんだ、何万回も言っておく、書き続けるよ、私にはそれしかできない。そこが私のやるべき第一歩だ、大人たちに決断してもらうしかない、悩んでいる暇はないのだ。人間は多くの人が土に生きることをやめてしまった、農業を手放してしまった、大樹は土にしっかりと根をはり天空をめざして生きている。その姿は人間に理想の姿を教えてくれる、その生き方をやめてしまった人間たちはまったく違う生き方をしてしまった。生き方そのものを間違ってしまった。

その行為が小さな子どもたちや、か弱い者たちに犠牲を強いている。その大きな過ちを正さねばならない、そうしなければ人類の未来はなくなる。大人たちが地球の未来も、人類の未来も、すべてことごとく破壊しているのだ。大樹を見上げて樹の命を見つめてみよ、その偉大な命の賛歌を聴いてみよ、樹の匂いを深い息と共に吸ってみよ、樹に降り注ぐ太陽の光を受けてみよ、樹に寄り添う小鳥たちの声を聞いてみよ、樹の足元にある土を踏みしめてみよ、その土を手に取り、匂いをかいでみよ、そうすれば気高き者の命の鼓動が聞こえてくるはずだ。偉大な命の輝きが見えるはずだ、命とはなんとすばらしいのだろうか、それを五感で感じたならばどうすれば良いかが見えてくるよ。大樹は迷ってしまった人間が進むべき方向と道を指し示してくれているではないか、なんとありがたいことだ。

感動する、五感が震える、命が躍動し始める、アサギマダラという蝶ははるか二千キロもの旅をその小さな体で続けていく。海を渡り、そしてついに蝶の使命を成し遂げる、その小さな命に偉大な力が備わっているのだ、その小さな命に宿している力とはいったいどんなものなのだろう。それと同じ力が子どもたちにも宿っているのだ。命とはなんとすごいのか、人間の小さな考えではとうていわかり得ないことなのだ。謙虚になってそういう小さな命たちを見つめるのだ、そして学ぶのだ。人間も動物ならば、大自然に身を置き、大自然に寄り添い大自然からの恩恵を受け、真摯に謙虚に生きていくしかないのだ。大自然を勝手に破壊することは人類の破滅を意味する、決してやってはいけないない行為なんだよ。小さな葉一枚とて大切な自然の財産なんだ、宝なんだ。

「人工物、自然由来を上回る、過去一〇〇年で急激に増加」という記事を目にした。人工物は二〇二〇年までの累計で、建物のほか道路などインフラ分野で一兆一千億トン、プラスチック製品はゴミになった分も含めて八〇億トンに到達した。

一方で森林や植物の総量は九千億トン、陸と海に生息する生き物は四〇億トンにとどまっていると書かれていた。この多くの数字を見ただけで人間が毎日ものすごい量の人工物を作り続けていることがわかる。何のために作るのか、金稼ぎのためだ、金を稼ぐためには作り続けなければならないという悪循環をも作り出しているのだ。

何回も言うが、もう金稼ぎをやめよ。絶対に今すぐやめるしかない、もしくは、すべての仕事を子どもたちに、前文の記事のことを伝えたうえで検証していただこう。世界の情勢を全部子どもたちに知ってもらったうえで考えていただこう、どうしてこんなにも恐ろしい悪業を大人たちがしてしまったのか子どもたちは驚くばかりだろう、あきれてしまうよ、大人ってなんてバカなんだろうと思うだろう。それでも子どもたちは困難の壁に挑み続けてくれるだろう、子どもとはどんなこともやりとげることを誇りとしている生き物だからね、その能力を宿している生き物なんだよ。

子どもとはとても頼りになるすばらしい生き物なんだ、すべてを任せていいんだ、子どもとは大人が考えているようなちっぽけな存在ではないよ。体は小さくとも能力は無限大なんだよ。常に新しい発想を繰り出して、これでもか、これでもかと手品のように新手法で難問を次から次へと解決してゆくことを生きがいとしているんだ。

子どもが一人いるだけで、太陽の光がさんさんとさし込むかのような明るさを大人に与えてくれるんだよ、大人はそれだけで心が晴れるんだ、よくよく子どもたちと話してみればわかるよ、私の言っていることが本当だ、真実だということが。そうすれば子どもに命令などできないし、子どもに暴力を振るうなんて暴挙はとんでもないことだとわかる。

子どもとはその能力の高さから考えたら最大に尊敬されるべき存在なんだよ、そのことを知っている大人は少ないだろう、とても残念だし、人類の損失だ。まず大人の認識を変えなくてはいけない。そして農業をすることは土を大切にすることで、土を知っていく行為だと思う。

私は農業に携わったことは一度もないし、プランターで育てたこともない。ひたすらスーパーや八百屋で買ってくる野菜をいただいている。しかし自分で育てた野菜を食すことは格別のおいしさを感じることができるだろう。無農薬農業を子どもたちがやっていくならば、野菜の好き嫌いもなくなるだろう。苦労して育てた野菜をいただくことは、子どもたちにとってとても大切な学びとなるに違いない。

学校の勉強なんかよりも、とてもとても大切な体験の勉強だ。ぜひ子どもたちが無農薬農業に従事できるようにしてあげないといけない。何よりも農業は大切な働き方だ、それを大人にとっても子どもにとっても生活の基本にしていくべきと私は思う。

無意味な社会に対応するためには強靭な精神力が必要となる。どんなことにも負けない強い精神力を持つしかこの世を生き延びることは難しい。その強い精神力を鍛え上げるのに農業は必要なのだ。農業は大自然との戦いでもある。毎日変わる気候、雨は必ず降るとは限らない。干ばつになるかもしれない、逆に大風大雨、動物たちの逆襲などもあるかもしれない。自然に対応することは並大抵の努力ではすまない。だからこそ精神力が鍛えられ、頭脳も鍛えられ、体も鍛えられる。それこそが生き物にとっての大切な条件となる。生きるとは厳しいということだ。しかしその厳しさがあるからこそ生き生きとした心を持つことができる。

生きていることが楽しくなる、性犯罪や麻薬とは無縁となる。そんなことをしている暇はなくなるからだ、毎日が土との戦いだ、気候との戦いだ、作物の病害虫との戦いだ、本当の戦いなんだよ。戦争とは無縁な戦いなんだ、人間同士の戦いではない大自然との格闘だ。がんばり続けていくしかないが、すごい生きがいになる、子どもたちはそれを望んでいる。

子どもたちに無農薬農業をしていただこう、一人も漏れなく、子どもたちも大人たちも無農薬農業が必要だ。農業をすることが大自然の環境を守ることにもなる。自然農法でいくんだ、農薬や化学肥料や除草剤など人間が考え出した物はすべて使わずにやっていくんだ、そういうことも子どもたちに聞いていこう。子どもたちに考えてもらおうよ、何もかもが闇の世界になりつつある今の世の中で、子どもたちだけはどこまで行っても希望を創り出すことができる存在だ。

その子どもたちにすべてを任せることが人類の健全な未来を取り戻すことに繋がる。どんなに策を練っても、所詮大人たちの考えでは明るい未来を創り出すことはできない。どんどん底なし沼になるだけだ。子どもたちに話をさせよう、子どもたちの意見をいっぱい拝聴しよう、そうしなければこの世界に太陽の光が射し込むことはなくなるよ。太陽の光がなくなれば、あらゆる生き物は生きていくことが出来なくなる。

子どもたちは太陽そのものなんだ、子どもたちの自由を奪うことは太陽の光を失うことだ。この世を暗黒にするだけだ、決してそんなことは許されない、誰にもそんな権利はない、今の世界は大人が一方的に子どもの権利を失わせた世界になったんだ。このまま今まで通りのやり方で進んでしまえば絶望が待っているだけだ。すべての生き物、そして巨大な生き物である地球が、青くて美しい地球がまっ黒の地球になり、宇宙から消えていくその日は遠くない。それほどこの地球は今、死が迫っている瀕死の状態なんだ。それは考え過ぎだと言う大人がいるだろう、そういう大人は何もわかってない大バカなんだよ。バカどもに何を言っても無駄だ。

大人は考えているようで何も考えていないんだ、考えるとはそういうことじゃないよ、あまりにも忙しすぎるからじっくり考えることができない、いや考えようとしない習慣になってしまった。そもそもがすべて間違っているから、こんな世の中になったんだ。こんなろくでもない世の中に産まれて生きていくしかない子どもたちは本当に悲惨だ。そうだろう、何も忙しくする必要はないんだ、お日様と共に起きて、お日様と共に眠る。その生活でいいではないか、電気もガスも水道もいらないんだ、自然にある物だけを使っていけばいいんだ。ゴミの山はなくなるんだ。

アスファルトで土を殺すなんて暴挙もなくなる。土は生き物にとってかけがえのないとても大切な物だよ。土によって人間は生かされている。自然界にあるものだけを大切に使っていくならば、人間も地球も安泰だ。そのためにはスピードはいらない、自然界のゆっくりとした時に人間が合わせていくならば、人間自身が守られるんだよ。

自然界の鼓動のリズムに寄り添った生き方が大切なんだ、必要なんだよ。すべての生き物は繋がっているからこそ、人間だけが違うスピードで生きていくのは無理なんだということがわかる。すべての生き物たちのリズムに合わせて人間も生きていくしかない、そうしないとこの地球に住み続けることはできない、その結論になる。そう思わないか大人たちよ、一番必要な農業という働き方に誰もが立ち返る必要があるのではないか、私はそう思う。

農業を生き方の基本、土台にすれば自然のリズムに合わせることができる。人間にとって農業は欠かすことのできない大切な働き方なんだと私は考える。

食を作り出す働き方だ。その上であらゆる物事を考えていくならきっと人間の本来の生き方が見えてくるだろう。この先の未来を見つめる目が大きく開かれることになるだろう。

子どもたちよ、大人たちよ、鳥たちの歌声、子どもたちの笑顔がまぶしく輝く時をつくり始めよう。がんばって、がんばってみんなで自然を取り戻そう。必ずできるよ、全員の力を結集していくならば、子どもたちの考えに一人も漏れなく協力してゆけばいいのだ。そのためには子どもたちが先頭に立って号令を掛け、大人たちを引っ張っていってくれるようにしてあげることが必要だ。人間は他の動物や生き物と違って武器を持たないと戦えない、人間は弱い生き物だ。

しかし人間には弱いゆえに天から与えられた深く思考できる頭脳がある。人間は体と頭脳を鍛えあげることによって進化する動物だ。しかし子どもは本能的に五感をフルに使って生きている。

現在の大人は思考だけに頼って生きるようになってしまった。体を鍛えることをおろそかにしてしまっている人が多い。そして大切な五感も使わなくなってしまっている。いろいろな機械に任せてしまい、人間本来の五感を使うことがなくなっている。そのことは人間にとって大きな損失だ、子どもたちすら現在ではパソコンやスマホなどあらゆる機械に身を委ねている。このことはとても危惧すべきだ。五感を使わなくなることは生き物本来の能力を著しく失うことになるからだ。あらゆる災難に打ち勝つことができなくなる。それによって大切な人命が多く失われている。五感を使わなくなることは自分の命を大切にする心も失うことになり、自殺をする人が増えることにもなる。自然の生き方をしなければならない、物は何もいらないんだよ、生きるとはどういうことなのか今一度、すべての人が深く考える必要がある。

大自然に身を委ねて、じっくりと考える必要に迫られているのだ。野生の動物や元気な子どもたちをじっくりと観察すればその答えがわかるはずだ。眠りにつくまで子どもたちは果てしなく動き回っている、そうすることで心も体も五感も鍛えあげているのだ。机に向かってじっとしている子どもは子どもではない、小さなロボットと同じだ。大人が子どもたちをどんどんロボットに造り替えているのだ、恐ろしいことなのだよ。子どもたちがロボットにされている、そう感じるのは私だけだろうか。

不安が渦巻くこの世の中で子どもたちの苦しみを消し去らなければならないよ、今すぐだ。なぜこんな恐ろしい事が起きてしまったんだろう、どうして大人たちは子どもたちの自由を勝手に奪い去ったのだろう。子どもが何もできないようにしてしまったんだろう。子どもたちがゴミのように廃除され、社会の外れに追いやられ、その気配すらも消されたような、そんな恐怖を私は感じないわけにはいかないよ。背筋が寒くなるような恐怖に息苦しくなり、正常な思考さえも許されない地獄へたたき落とされた子どもたちの心は、いったいどうなってしまうのか。その心はどこへ行くのだろう、もう子どもたちの輝く笑顔を取り戻すのは無理なのか、と大きな不安がよぎってしまった。

いやいや、そんなことを考えてはいけないよ、必ず今の現実を変えることはできるよ。大人たちが一刻も早く気づいてくれるか、その一点に掛かっている。大人たちよ、何万回も言うが、小さな二才、いや一才でもいいよ、子どもたちに働いてもらおうよ、農業を始めることが一番だ、それをすぐに始めることが子どもたちに生きがいが生まれることになる。

勉強より生きがいを持たせてあげることが先に来るべきだよ。農業は生き物と向き合う作業だから、植物に向き合うことは命を見つめることになるから、命を見つめることが今一番大切なことじゃないか。そうだろう、大人たちよ、カネを見つめるんじゃない、命を見つめるんだよ、そこが一番大切なことじゃないのか、すべての基本は命なんだよ。大人はなぜそのことを忘れてしまったんだ、思い出してくれよ、あらゆる命を大切にするにはどうしたらいいのか考えればいいことだよ。そして大自然を大切にすること、大自然という宝を壊してはいけない、すべての命を育む大自然にむやみに手を出してはいけないんだよ。

ニュースで児童労働を禁止する条約に対して国際労働機関（ＩＬＯ）の全加盟国の一八七カ国が批准したことが知らされた。私は子どもが金稼ぎの道具にされることには反対だが、子どもにとって有益な労働はさせてあげるべきと考える。何もかも児童労働を禁止することは、子どもの健全な発育にとって望ましくないからだ。子どもを真に社会の一員としていくには労働は欠かせない、それを何もかも取りあげてしまうことは子どもの生きがいをなくすことになる。

ただ、学校で勉強ばかりさせることはもってのほかだ、部活がある、体育の授業があるなどとふざけたことを言っている大人はバカとしか言いようがない。所詮、体育の授業も大人が考えた子どもへの押しつけだ。子どもにとって社会の一員として大人と一緒に働くことはとても有意義なことだ。子どもも大人も同等に平等に働くべきだ、そうすることがこの世の中を真に平和にしていく。要は金稼ぎをやめればいいだけだ。

私が考える労働とは金稼ぎが目的ではない。生きていくために必要な働き方だ、大人も子どもも働くとはどういうことなのか真剣に考えるべき時がやってきているんだよ。農業を基本にしながら考えていけばよいと私は考えている。子どもが二才くらいからできるのが農業だ。大人と一緒に学んで、自分たちで作った農作物を大人と料理もし、三食を食べることができる。そうすれば親の虐待も兄弟のいじめもなくなる。家族が団結して働くことができるからだ。子どもが早くから自活もできる、親がいつまでも子どもに食事の世話をする必要がなくなる、子どもは自分で食べるものは自分で作れるからだ。

すべての子どもに農業で働く権利を与えることが、今、最重要のことだと言える。子どもに大人の作ったオモチャは必要ない、子どもに大自然を与えれば子どもは大自然の中で遊び、その中から多くのことを学んでいく。学校の勉強なんかじゃ想像力を逞しくすることは学べない、子どもの成長に必要なものは大自然だけなんだよ。大人たちよ、わかってくれ、子どもに農業をさせないことは人間にとって一番大切な宝物を深海の底に沈めてしまうことと同じことだ。そうなれば人間はまともに生きていくことができなくなる。

子どもも大人も生きがいがあって始めて生きていると言えるんだ。子どもの体が小さいからと体力、気力、能力も小さいと大人は勘違いしている。子どもは小さいからこそ俊敏に動くことができて幅広く活躍できることを大人は知らないのだ。その大人の、子どもに対する認識違いが子どもを不幸にしている元凶なんだ。すべてを子どもに任せてみればそのことがよくわかるよ。わかったら速やかに間違いを正して、今すぐに子どもに農業をやらせてあげるべきだ。今こそ子どもは働くことを望んでいるのだ、子どもが働くことでお父さんやお母さんが病気の人はとても助かるし、子どもが親を助けているという子どもの自尊心も育まれる。子どもに達成感が生まれ、子どもが生きていることに喜びを感じるようにもなる。子どもが働くことはとても大切なんだ、気をつけるべきは大人の不必要な干渉や命令だ。すべてを子どもに任せて悪者の大人の仕事に近づけさせないように大人は見守っていけばよい。

子どもが働くことは子どもの権利なんだ、そしてあくまでも農業が基本の働き方だということを忘れなければ、子どもも大人も幸福な生き方ができる。しかし大人が少しでも子どもを支配しようと命令ばかりを繰り返すならば、大人も子どもも共に不幸のどん底から這い上がれなくなるぞ。

子どもたちが社会の主役の時代にすることが一番大切だ。この混迷の世界を救うことができるのは子どもたちだけなんだ、子どもたちの考えと行動がこの地球を救うことになるんだ、そこがわからないと人類の未来はなくなる。やってみればわかるよ、何事も実行あるのみだ、そして今すぐに子どもたちに全権を与えるべきだ、子ども主導であらゆることを進めていけばよいことなんだよ。大人は決して大自然も子どもの心も支配してはいけないんだよ。

金稼ぎをやめてしまえ、地球はどこまで行っても地球だ。土と水と光と風…それらをすべての命に与えてくれる。子どもたちに伝えるべきはそのことだけだ。伝えるべきは金稼ぎではない、大自然への感謝だけだ、同じ地球に生きているならば、どこの国とか関係ない、どこもすべて繋がっている。すべての人が同じ土に足をつけて生きる人間なのだ。

ここで二人の言葉を紹介したい。一人目はアフガニスタンの戦禍の銃弾に倒れて亡くなられた中村哲医師の言葉。「百の診療所より一本の用水路を」と「経済的な貧困は必ずしも精神の貧困ではない。」と「識字率や就学率は必ずしも文化的な高さの指標ではない。」「アフガニスタンで井戸掘りを進める中で直面したのが、地下水の枯渇、水不足で小麦を作ることができない。地下水に頼る灌漑の限界を知り、用水路の建設を始めた。アフガニスタンの国民すべての彼らの願いはただ二つ、一日三回の食事が摂れること、家族一緒に故郷で暮らせること、それだけだ。」

「これで生きられる!」という叫びこそが立場を超えて、生を実感して得られる人間の輝きだと今も思っている。アフガン人は花を愛し、詩を愛する。アフガニスタンでは伝統的な詩会が健在で、季節の花をテーマに詩人たちが集い、即興詩を吟ずる。完全に口承文学で、読み書きのできぬ有名詩人までいるのだ。無学な作業員でも二人以上集まれば、即興詩で楽しみ合う光景は珍しくない。」

「我々はつい教育の重要性を説くあまり、地域に根ざす豊かな文化を忘れがちだ。経済的な貧困は必ずしも精神の貧困ではない、識字率や就学率は必ずしも文化的な高さの指標ではない。「これで生きられる」という、あの安堵の叫びの中に自信と誇りが込められていたと思えてならない。」「自然はしゃべらないが、人を欺かない。高く仰ぐ天が、常にあることを実感させる。絶望的な人の世とは無関係に、与えられた豊かな恵みがあることを知らせる。今ほど切実に、自然と人間との関係が根底から問い直された時はなかった。決して希望なき時代ではない、大地を離れた人為の世相に欺かれず、恵みを見出す努力が必要な時なのだ。それは、生存をかけた無限のフロンティアでもある」、「必要なのは思想ではなく、温かい人間的関心であった。」（『希望の一滴、中村哲、アフガン最期の言葉』西日本新聞社、監修、二〇二〇年より引用）

干ばつのアフガニスタンの地で人々の命を守るためには、どうしても用水路の建設が必要となった。中村さん自らが多くの人々と一緒に用水路の建設へと踏み出して、水の確保を成し遂げていく。人間が健康になるためにはまず食が必要だ、その食を作り出すには水が必要だ。そして農業をやり続けなければならない。干ばつの地を蘇らせるために、ひたすら用水路建設へと死闘を続けていた。そのさなかで銃弾に倒れ亡くなった。中村さんは人々の食を作りつづけるために働く医師であった。人間が健康になるためには、食を確保するためには農業が必要だということを示してくださっていると私は思った。

今、この世界中で生きている人々が一人も、もれなく農業を生き方、働き方の基本にするならば、この地球は安泰になり、人間の心にも安心が生まれると確信することができた。そしてこのことがすぐに実現できれば、赤ちゃんや子どもたちが心からの笑顔になれると感じている。農業をすることは大自然を取り戻すことになる、心身共に健康になる。大自然の中に身を置いて生きていくことは子どもにとっての本来の学びになり、心も体も鍛えることができる。子どもの輝く笑顔はそこからしか生まれないことを私は叫び続けたい。世界中のどこの地でも人間が一番やらなければならない働き方が農業だと言える。自分たちで食べる物は自分たちで作るという基本的な考えが重要だ。他人任せにするのではなく、人間一人一人が自分のために、そして多くの人々と協力し合って共に農業をやっていくならば、この世界で大自然の中の小さな命として人間も生きていける。他の生き物たちと共存していけると確信する。

そして二人目は、夏目漱石の言葉。「人間の不安は科学の発展から来る。進んで止まる事を知らない科学は、かつて我々に止まる事を許して呉れた事がない。徒歩から俥、俥から馬車、馬車から汽車、汽車から自動車、それから航空船、それから飛行機と、何処まで行っても休ませて呉れない。何処まで伴れて行かれるか分らない。実に恐ろしい」（小説『行人』新潮社より引用）

二人のそれぞれの言葉に共通している考えは、今を生きる人たちへの警告と言えるのではないだろうか。とても強いメッセージが込められた言葉である。このことをすべての大人たちは真剣に受け止めなければならない。

小さな子どもから高齢の人まで、そして障害のある人もすべての人が平等に働くことができるのが農業だ。学校で勉強を教えることよりも子どもには農業を教えることの方がどれだけ大切かということがわかる。生きていくためには食べなくてはならない、食を作り出すためには農業が必要だ、病気をしない体を作るためにも、生きがいを作るためにも、一人一人が農作業をすることが何よりも最重要だ。

おわりに

私の本をお読みいただき、ありがとうございました。しかしながら、お読みいただくだけで終わるならば本を書いた意味は発生しません。どう感じてどう行動に移すか、その事がこの本を書いた目的です。

ぜひ大人の皆さんは、小さな、ささいな行動でもよいので、子どもたちの悲劇が一刻も早くゼロになるように、今の世の中から不幸な子どもを産み出さないようにするためには、まずどう行動すれば良いのかを各人が考えていただきたい。特に教育行政に携わる政治家の皆さんには、子どもたちの現在の教育を今すぐにすべてやめていただきたい。その事を子どもたちと話し合っていただきたい、真剣に子どもたちの声を聞いていただきたい。そのうえで大人の考えた教育の押しつけでなく、子どもたち自身が考えた教育のやり方をぜひ実現していただきたい。そうすることが私がこの本を書いた真の目的です。そのことを私はお願いするしかない。そうすることが子どもたちの本来の権利を真に取り戻すことになるからです。そのことで子どもたちの幸福が必ず実現することを私は確信する。

令和四年六月

著者

著者紹介

こどもこ

1953 年生まれ。
中学生の時に同級生のいじめを目撃して、教育のあり方を考えるようになった。年を経るごとに教育大改革を断行する必要性を感じ、本の著作に至る。

著書

『世界を変えることができるのは、子供たちだけだ』翔雲社 、2021年

新世界の創造者は子どもだ
子どもは大人を救うために生まれた

2022 年 7 月 27 日　第 1 刷発行

著　者　こどもこ
発行者　池上　淳
発行所　株式会社翔雲社
〒 252-0333　神奈川県相模原市南区東大沼 2-21-4
TEL　042-765-6463　FAX　042-765-6464
URL　https://www.shounsha.co.jp/
発売元　株式会社星雲社（共同出版社・流通責任出版社）
〒 112-0005　東京都文京区水道 1-3-30
TEL　03-3868-3275　FAX　03-3868-6588
印刷・製本　株式会社アルキャスト

落丁・乱丁本はお取り替えいたします。

ISBN978-4-434-30612-9

Printed in Japan